economy

tistics

society

통계로 읽는

사회와 경제

조 재 근 지음

敎友社

무명시민

(JS/07/M/378을 위해 국가에서 세워 준 대리석 묘비)

W. H. Auden

통계국에 의하면 그는
한 번도 관청의 불만을 산 적이 없고,
그의 행동에 대한 모든 보고가 일치하는바
옛 표현을 써서 말하자면 그는 현대의 성인이었으니
매사에 공동체에 봉사하였기 때문이다.
전시를 제외하고 은퇴하던 날까지
공장에서 일하며 결코 해고당하는 일 없이
퍼지자동차회사의 고용주들을 만족시켰다.
그렇다고 노동조합을 등지거나 유별나지 않아
회비를 꼬박꼬박 냈다고 그의 조합은 밝히고 있으며
(우리는 그의 노동조합이 건실했던 것으로 평가한다)
사회심리연구원들이 알아낸바
그는 동료들에게 인기 있었고 애주가였다고 한다.
매일 신문을 구독했으며
광고에 대한 그의 반응은 여러모로 정상적이었다고 신문사에서는 확신한다.
그의 보험증서는 그가 완벽하게 재난에 대비했음을 입증하고
건강기록부는 그가 입원한 적 있으나 완쾌하여 퇴원했음을 보여 준다.
생산자연구소와 생활향상연구소가 자신 있게 말하는바
그는 할부제도의 혜택을 잘 알고 있었으며
현대인에게 필요한 모든 것을 소유하고 있었다 -
축음기, 라디오, 자동차, 그리고 냉장고.
그가 세상 돌아가는 것을 제때에 제대로 이해하였기에
우리의 여론조사자들은 만족한다.
평시에 그는 평화를 지지하였고, 전시에 그는 종군하였다.
결혼하여 다섯 자녀를 인구에 보탰는데,
다섯은 그의 세대에는 적당한 숫자였다고 우생학자는 말한다.
교사들은 그가 자녀교육을 결코 방해한 적이 없다고 보고한다.
그는 자유로웠는가? 그는 행복했는가? 이런 질문은 얼토당토않다,
뭔가 잘못되었다면 우리는 당연히 알고 있었을 터이니.

〈아킬레스의 방패- 오든 시선집〉, 봉준수 편역, 나남, 2009, 86~89쪽)

머리말

1930년대 후반에 나온 작품이지만 W. H. 오든(1907~1973)의 '무명시민'은 관료주의의 포로가 되어 살아가는 현대인들의 서글픈 모습을 적나라하게 야유하고 있습니다. 개인은 그저 우리의 주민등록번호처럼 한낱 번호 JS/07/M/378로 호명되어 통계청의 기록에 남을 뿐입니다. 무미건조한 통계도 매력 없지만 한낱 통계숫자로 그 속에 갇혀있는 우리들의 모습은 더욱 가엾습니다.

이 책은 그 매력 없는 통계를 공부하는 책입니다. 영어 단어 'statistics'는 마찰음 s와 파열음 t가 셋씩이나 들어있어 읽고 쓰기 껄끄러운 단어입니다. 사전에서 이 단어를 검색하면 1) 통계 2) 통계학이라는 두 가지 뜻풀이가 나옵니다. 우리는 이미 고등학교 수학 시간에 확률, 통계 단원을 공부한 바 있고 대학에서도 확률분포 이론을 바탕으로 추정, 검정 등 여러 가지 추론법을 공부합니다. 이러한 공부들은 대개 사전의 두 가지 뜻풀이 가운데 두 번째, 즉 '통계학'에 해당한다고 할 수 있습니다. 교과서를 보면 제한적인 정보로부터 불확실한 미지의 대상에 대해 추론하는 과학이 통계학이라고 되어있습니다. 예컨대 임상시험을 한 다음 약의 약효를 알아본다든지, 과거의 기상 데이터를 가지고 미래의 날씨변화를 예측하는 경우 등이 거기에 해당하겠습니다. 그와 같은 분석에 필요한 이론과 방법들은 대략 19세기 끝 무렵부터 많이 등장하여 20세기에 들어선 이후 자연과 사회 현상을 연구하는 데에 널리 활용되기 시작하였습니다.

오늘날 널리 쓰이는 통계학적 분석법들을 소개하는 허다한 책들이 나와 있고 또한 각 응용분야별로 사회통계학, 경제통계학, 경영통계학, 의학통계학, 간호통계학, 공업통계학 등 많은 책들이 나와 있습니다. 물론 통계학적인 데이터분석 방법들이 널리 활용될 수 있었던 것은 훌륭한 이론과 방법이 등장한 덕입니다. 한편 거기에는 20세기 후반부터 컴퓨터가 활용되면서 복잡한 계산과 방대한 데이터를 편리하게 분석할 수 있게 된 탓도 있을 텐데 이미 그런 목적에 맞는 통계 소프트웨어들도 많이 개발되어 있습니다. 즉, statistics의 두 가지 뜻 가운데 통계학을 공부할 수 있는 책과 소프트웨어들은 흔히 볼 수 있고 공부할 수 있는 기회도 무척 많습니다.

이번에는 대학의 강의실 바깥으로 눈을 잠시 돌려봅시다. 우리는 언론보도 등을 통해 일상적으로 자료로서의 통계, 특히 그중에서도 사회와 경제 통계들을 많이 만나게 됩니다. 물론 그러한 통계 자료들과 수학을 바탕으로 한 통계학이 서로 아주 거리가 먼 것은 아닙니다만 생각만큼 그리 가깝지도 않습니다. 예컨대 오래전 일입니다만 저도 통계학과에서 통계학을 전공이랍시고 공부했었습니다만 대학을 졸업할 때까지 도대체 실업률이라는 것이 무엇을 나타내며 어떻게 계산되는지 한 번도 배운 적이 없습니다. 과연 누가 실업자인지, 편의점에서 알바로 일하는 젊은이들이 고용통계에서 취업자로 간주되는지 아닌지 몰랐다는 말씀이지요. 또 저출산, 고령화 문제가 심각하다고들 말할 때 과연 출생률이라는 것이 정확히 무얼 말하는지, 몇 살부터 공식적으로 '노인'으로 간주되는지도 배운 바 없었습니다. 이혼을 많이 한다면서 이혼율이라는 것이 보도되는데 그 숫자들이 몇 퍼센트에서 몇 십 퍼센트까지 크게 달라도 무엇이 이혼율인지 알지 못했답니다. 통계학과에서는 그런 걸 안 가르치거든요. 하물며 GNP, GDP, GNI 등과 같이 경제의 기본이 되는 통계에 대해서도 각 지표들이 정확히 무얼 말하는지 몰랐었지요.

우리가 꽃이나 나무들의 이름을 모르면 아무리 여러 가지 다양한 식물을 만나더라도 그들은 모두 '이름 모를 꽃, 나무'일 뿐입니다. 통계지표들이 무얼 나타내고 어떻게 생산되는지 모르니 사회와 경제에 관한 기초적인 사항도 이해하지 못하게 되고 결국 신문의 사회면, 경제면을 제대로 읽어낼 수도 없더군요. 이는 곧 사회와 경제에 대한 무관심으로 이어질 수밖에 없고요.

그래도 통계학과 교수가 되는 데는 아무 문제가 없어서 꽤 오랫동안 통계학을 가르치며 살았습니다. 그런데 그렇게 지내면서 학생들을 가만히 살펴보니 통계학과 학생이든 다른 학과 학생이든 사회, 경제를 이해하는 데 필요한 기초적인 통계지식을 제대로 공부하지 못한 채 대학 문을 나서는 경우가 대부분이었습니다. 결국 '신문을 읽는 데 도움이 될 통계' 공부는 예나 지금이나 대학에서 배우기 어렵더라는 말씀이지요.

여러 해 동안 그런 모습을 가만 보고 있노라니 가르쳐서 내보내는 학생들이 저보다는 사회와 경제에 대해 좀 더 관심을 갖고 살았으면 좋겠다는 생각이 들었습니다. 그래서 2009년 봄 학기부터 〈통계로 읽는 사회와 경제〉라는 이름으로 새로운 교양과목을 하나 만들어 경성대학교 학생들한테 가르치기 시작하였습니다. 이 책은 그 강의를 바탕으로 만든 것입니다. 당연히 이 책에서 우리가 공부하려고 하는 내용은 통계학개론 교과서에서 볼 수 있는 확률, 통계가 아닙니다. 대신 이 책에서는 인구, 노동, 소득, 분배 등의 분야에서 어떤 통계들이 생산되고 활용되는지 살펴보려 합니다. 따라서 무슨 깊이 있는 이론이나 어려운 분석법은 전혀 나오지 않습니다. 이 책은 우리가 일상생활을 하는 데 필요한 수량화된 정보들에 대해 공부하는 책이므로 책을 읽는 데 수학적인 지식은 전혀 필요 없습니다. 물론 계산을 해야 하는 경우가 여럿 있습니다만 곱하기, 나누기 수준을 넘지 않으므로 수학에 대한 두려움은 안 가져도 됩니다. 대신 사회와 경제 현상을 보다 폭넓게 알아보려는 호기심은 필요합니다. 통계를 공부하는 데는 수학 지식뿐 아니라 사회와 경제 현상에 대한 지식과 이론 공부도 필요한 것 같습니다.

지은이가 염두에 두고 있는 독자 역시 통계학을 전공하는 학생이 아니고 모든 전공의 학생들, 그리고 일반시민들입니다. 내용이 어렵지 않은 만큼 이 책을 공부하는 분들은 예제에 나오는 계산들을 한 번씩 직접 해보고 그 결과를 시기별로, 나라별로, 또 지역별로 비교, 해석해보기 바랍니다. 그리고 인터넷 포털 사이트 등에 가공된 상태로 떠돌아다니는 통계 자료나 해석을 무조건 믿지 말고(대부분 낡고 부정확한 정보들입니다), 통계청이나 한국은행, UN을 비롯한 각종 국제기구의 홈페이지 등으로부터 직접 자료를 찾기 바랍니다. 또 그런 곳에서 다운로드한 자료를 엑셀 등을 써서 직접 자기 손으로 표와 그림으로 만들고 분석해보기 바랍니다. 그래야 가장 최신 자료를 얻을 수 있고 데이터와 친해질 수도 있습니다.

부디 이 책을 공부하는 사람들이 책에 소개되는 사회 경제 통계 지표들에 대해 보다 세밀히 관찰하여 그 지표들의 문제점을 찾아 개량할 방도를 모색할 뿐만 아니라 장차 다가올 사회에서 필요한 새로운 지표들에 대해 생각할 기회도 가져보기 바랍니다. 본문에서 거듭 강조합니다만 통계는 객관적인 사실이 아니고 사회적인 생산물입니다. 이 책이 통계를 공부하는 분들의 공부 영역을 조금이라도 넓히는 데 도움이 된다면 더 바랄 나위가 없겠습니다.

교재도 없이 〈통계로 읽는 사회와 경제〉라고 이름 붙인 과목을 새로 만들어 강의를 시작했을 때에도 노동, 빈곤, 복지, 거시경제 등을 전공하신 분들과 내용을 나누어서 강의하면 학생들에게 더 도움이 되겠다는 생각을 하였었습니다. 혼자 책을 써나가는 동안에도 부족한 공부를 자책할 수밖에 없는 경우가 적지 않았습니다. 아무래도 사회와 경제를 주제로 삼은 이런 책은 사회학이나 경제학을 전공한 분들이 맡아 쓰는 편이 훨씬 나을 것 같았기 때문입니다. 지금 이 책에 실려 있는 통계들은 금세 낡아버릴 것입니다. 원래 강의안에 있었던 보건통계, 금융통계, 환경통계 등을 이 책에는 포함시키지 못했는데 몇 해 뒤에 낡은 통계를 고칠 기회를 만들어 그런 내용도 담아볼까 합니다. 이 책을 만난 분들이 허술한 점을 아낌없이 비판해주신다면 변변찮은 책을 조금씩 고쳐나가는 데 큰 도움이 되겠습니다.

처음 이 책을 구상했을 때에는 비수도권 지역에 대한 이야기를 많이 하려고 하였습니다. 이 책에서 주제로 삼은 인구, 노동, 소득, 빈곤 등은 하나 빠짐없이 지역의 현안들과 고스란히 겹칩니다. 그런데 막상 쓰기 시작하고 보니 문제의식은 어렴풋이 가졌을지 몰라도 적절한 통계를 제시하면서 지역 이야기를 풀어낼만한 공부가 되어있지 않다는 것만 확인하게 되었습니다. 도리 없이 나중에 언젠가 〈통계로 읽는 지역의 사회와 경제〉 같은 책을 지역의 출판사에서 내게 될 날이 오기를 기다리기로 하였습니다.

원고를 준비하는 동안 한림대학교 의과대학 최용준 교수님과 신라대학교 가족노인복지학과 최희경 교수님께 신세를 졌습니다. 혹시 거칠고 건조하기만 하던 책 속에서 언뜻 매끄러워 보이는 문장이나 반짝이는 내용이 보인다면 바로 거기에 두 분의 손길이 닿았었다고 보면 맞습니다.

2010년 2월

저자

차 례

Part III 노 동

Part IV 물가와 소득

Part V 소득분배와 빈곤

Part I

사회적 생산물로서의 통계

이 책에서 우리는 인구, 고용, 물가와 소득, 빈곤 등에 대해 공부할 것입니다. 물론 통계가 생산되고 쓰이는 곳은 그런 분야 말고도 허다히 많겠습니다만 별다른 배경 지식 없이 공부할 수 있고 또 일상생활과 가까운 분야를 몇 가지만 선택하다보니 공부할 주제를 이처럼 좁히게 되었습니다.

오늘날 도처에서 통계 숫자들이 워낙 범람하다 보니 아주 옛날부터 통계라는 것이 있었고 널리 활용되어온 것처럼 느껴지기도 합니다. 사실 기독교의 구약성경 같은 곳에 인구조사에 대한 기록이 등장하기도 하므로 통계의 역사 역시 꽤 오래전으로 거슬러 올라갈 수도 있겠습니다. 우리나라만 하더라도 오래전부터 호구조사를 실시했다는 기록이 남아있습니다. 또한 우리가 공부할 통계와는 거리가 있습니다만 경주 안압지 연못에서 나온 신라시대의 14면 주사위에 대해 각 면이 나올 확률을 알아보고 논문을 쓴 통계학자도 있습니다.[1]

1 허명회, "14면 주사위의 확률", 〈응용통계연구〉, 7권, 1호, 1994, 113~119쪽; 장대흥, "14면 주사위에 대한 재고찰", 〈응용통계연구〉, 18권, 2호, 2005, 445~452쪽.

그렇지만 지금 우리가 알고 있는 모양의 통계는 사실 근대의 산물입니다. 1789년에 있었던 프랑스혁명부터 시작하여 19세기 중반까지의 역사를 책으로 쓴 어느 마르크스주의 역사학자는 자신이 "혁명의 시대"라고 이름붙인 그 60년 동안에 '창안되거나 현대적 의미를 얻은' 영어 단어를 그 책 맨 첫머리에 열거한 바 있습니다. 그런데 그는 "공업", "중류계급", "노동자계급", "철도", "국적", "경제 공황" 등의 단어와 함께 'statistics'도 그 새로운 단어 목록에 포함시켰습니다.[2] 즉, 오늘날과 비슷한 의미의 통계라는 것이 세상에 두루 알려지기 시작한 것은 겨우 200년 남짓밖에 되지 않는다는 것이지요.

19세기에만 하더라도 사람들은 여러 사람의 수명을 모아 계산한 '평균수명'과 같은 개념을 대단히 이해하기 어려워했다고 합니다. 당시 사람들은 귀족에서 빈민까지 지극히 이질적인 사람을 한데 모아 평균을 내는 것을 매우 낯설어하면서, "평균수명이라는 것은 실제로 대체 누구의 수명을 말하는가?"라고 반문했다고 합니다. 오늘날 별다른 거부감 없이 인정되는 아주 기초적인 통계적인 관습, 즉 집단을 단위로 하나의 대푯값을 제시하는 것이 얼마 전까지만 하더라도 사람들에게 쉽사리 받아들여지지 않았다는 말이지요. 알고 보면 구미 각국에서 정기적인 인구조사가 시작된 것도 18세기 끝 무렵부터였는데 당연히 상당한 반발을 겪은 후였습니다.

2 홉스봄, E. J., 〈혁명의 시대〉, 박현채, 차명수 옮김, 한길사, 1984, 11쪽.

이처럼 사회의 여러 모습을 지표로 나타내고 수치로 측정해서 지수 같은 것으로 계량화하는 것은 상당히 최근부터 시작된 일입니다. 즉, 통계라는 것은 근대에 와서야 만들어진 근대 사회의 산물이라는 것이지요. 하지만 일단 19세기에 인구조사를 필두로 통계가 생산되고 보급되기 시작하자 구미 각국에서 통계라는 이 새로운 발명품은 금세 큰 인기를 끌게 되었다고 합니다. 그리하여 처음에는 단순히 인구수를 헤아리는 데 머물렀던 것이 머지않아 인구나 공중보건 통계를 넘어 자살이나 범죄 통계 등으로 확장되었고 나아가 지역별, 국가별 통계를 서로 나누고 비교하기 시작하였습니다. 그 결과 1850년대가 되자 국제적인 통계 기구까지 생겼는데 그때만 하더라도 그와 같은 국제기구까지 만들어 정기적인 모임을 갖고 교류하는 분과 학문은 거의 없었다고 합니다. 또한 19세기에는 사회를 연구하려면 통계를 이용해야만 과학에 가까워진다고 생각하는 사람도 많이 등장했습니다.

지난 역사를 돌아보면 사회가 변화하면서 이전까지 전혀 만들 필요가 없었던 통계가 새로 생산되기 시작하고 기존에 생산되던 통계가 새로운 방법으로 만들어지기 시작하는 것을 볼 수 있습니다. 그리하여 이전에는 측정할 수 없다고 생각되던 것까지 개념을 만들고 조작화 과정을 거쳐 통계로 만들어지게 되었습니다. 예컨대 산업혁명 결과 생긴 대규모 도시빈민이 사회문제로 떠오르게 된 19세기 말, 당시까지 제대로 측정하지 못했던 빈곤에 대해 기준을 정하고 빈곤층의 규모를 헤아리기 시작한 것도 그러한 사례이겠습니다.

19세기부터 많은 사람들이 사회를 과학적으로 연구하려면 철학이나 신학과 같은 사변적인 이론보다는 객관적인 통계를 이용해야 한다고 생각했고 지금도 통계는 엄연히 객관적인 사실이라고 생각하는 사람들이 적지 않습니다. 그런데 알고 보면 통계라는 것이 항상 그렇게 객관적인 것만은 아니었습니다. 예를 들기 위해 우리나라의 주택보급률 통계를 잠시 살펴봅시다. 국토해양부에서는 2008년 12월에 주택보급률 계산법을 바꾸었습니다. 그렇다고 주택보급률을 계산하는 식 자체를 바꾼 것은 아닙니다. 주택보급률 계산식은

$$\text{주택보급률} = \frac{\text{총 주택 수}}{\text{총 가구 수}} \times 100$$

으로 매우 단순합니다. 이 값이 100을 넘어서면 '평균적으로' 한 가구당 주택이 하나 이상씩은 있는 셈이므로 더 이상 집을 자꾸 많이 지을 이유는 없어지겠습니다.

계산식이 그대로라면 주택보급률 계산법을 바꾸기 이전과 이후에 달라진 것은 무엇일까요? 바로 '주택'의 정의와 '가구'의 정의입니다. 이전 계산법에서 총 주택 수를 구할 때에는 다가구주택을 1주택으로 간주하였으며 총 가구 수를 계산할 때에도 일반가구수에서 1인 가구와 비혈연 가구수를 뺀 가구('보통가구'라고 부릅니다)의

수를 헤아렸습니다. 그렇게 계산한 주택보급률은 〈표 1-1〉과 같습니다. 물론 지역별로 편차가 작지 않겠습니다만 그래도 2007년 주택보급률이 108을 넘어섰으므로 장차 주택 건설 사업은 그리 유망한 사업은 아닐 듯 보였겠지요?

〈표 1-1〉 2008년 12월 이전 방식으로 계산한 주택보급률

연도	총 가구 수 (단위 : 천)	총 주택 수 (단위 : 천)	(구)주택보급률
2005	12490.5	13222.6	105.9
2006	12633.7	13534.1	107.1
2007	12760.4	13793.2	108.1

(출처 : 국토해양부 2008. 12. 발표)

이번에는 바뀐 계산법으로 주택보급률을 새로 계산해봅시다. 바뀐 계산법에서는 주택 수를 구할 때 다가구주택을 1주택으로 간주하지 않고 거기에 사는 호수만큼을 주택 수로 헤아리게 되어 주택 수가 늘어나게 되었습니다. 게다가 가구 수를 구할 때에도 1인 가구까지 포함시키게 되었으므로 가구 수도 늘어나게 되었습니다. 그 결과는 〈표 1-2〉와 같습니다.

〈표 1-2〉 2008년 12월 바뀐 방식으로 계산한 주택보급률

연도	총 가구 수 (단위 : 천)	총 주택 수 (단위 : 천)	(신)주택보급률
2005	15887.1	15622.5	98.3
2006	16105.0	15977.7	99.2
2007	16363.6	16294.8	99.6

(출처 : 국토해양부 2008. 12. 발표)

계산식을 바꾼 것도 아니고 주택과 가구의 정의를 살짝 바꾸었는데도 주택보급률 값은 100 이하로 뚝 떨어졌습니다. 2007년의 경우 무려 8.5퍼센트 포인트나 떨어졌습니다. 이 숫자를 보니 당장 주택이 모자란다는 느낌이 듭니다. 없던 가구가 몇 백만 가구씩 늘어났고 존재하지 않던 주택이 역시 몇 백만 채씩 늘어났으니 통계의 오묘함이 거의 마술 같지 않습니까? 국토해양부에서 이처럼 계산법을 바꾼 이유를 헤아리는 일은 무척 복잡한 일일 것이고 이런 사례를 통해 우리는 적어도 통계가 엄밀하고 변함없는 객관적인 사실을 나타낸다는 생각은 버릴 수 있겠습니다.

이번에는 사회의 변화에 따라 새로운 통계가 생산되는 사례를 하나 봅시다. '성인지적 통계' 또는 '젠더통계'라고 부르는 통계입니다. 말할 필요도 없이 여전히 우리는 온갖 면에서 뚜렷이 남성이 중심인 사회에서 살고 있습니다. 그러다보니 여성은 각종 통계 속에서도 너무나 당연한 듯이 감춰지기 일쑤입니다. 남성과 여성이 평등하지 않고 차별이 존재하는 실정에서 성별을 무시하고 만들어진 통계는 차별과 억압을 은폐하는 역할을 하게 되므로 결과적으로 남성 위주의 제도와 이론을 강화시키는 데 이바지할 수밖에 없습니다. 그런 통계로는 여성의 상태와 지위에 대해 파악할 수도 없고 여성 정책의 성과를 헤아릴 수도 없겠지요. 이처럼 치우친 현실을 개선하기 위한 목소리들이 1975년 제1차 세계여성대회, 1995년 제4차 세계여성대회(북경) 등에서 나온 바 있고 2000

년 UN 여성특별총회에서는 남녀별 통계의 중요성을 강조하는 결과문서가 채택되기에 이르렀습니다.

그러한 경향에 부응하여 우리나라에서도 2002년 '여성발전기본법' 안에 "국가 및 지방자치단체가 인적 통계를 작성하는 경우에는 성별을 주요 분석단위에 포함시켜야 한다."는 조항을 삽입하였습니다. 또한 2007년에 개정된 통계법에서도 "통계작성기관의 장은 새로운 통계를 작성하고자 하는 경우에는 그 명칭, 종류, 목적, 조사대상, 조사방법, 조사사항의 성별구분 등 대통령령으로 정하는 사항에 관하여 미리 통계청장의 승인을 받아야 한다."고 명시하였습니다. 중앙 정부뿐만 아니라 각 지방자치단체에서도 조례 등을 통해 성인지적 통계를 강조하게 되었는데 가령 부산시의 경우 2003년 '부산광역시 여성발전 기본조례'를 제정하여 "시장은 시와 소속기관에서 조사, 관리하는 각종 통계 및 자료에 성별을 구분하여 구축하도록 하여야 한다."라고 명시한 바 있습니다.[3] 이러한 통계는 성역할에 대한 편견을 해소하고 양성평등을 지향하는 정책을 수립하는 밑거름이 될 것입니다.

이러한 추세에 따라 점차 새로운 여성 통계의 개념이 생기고 그에 따른 새로운 측정법과 지표도 개발되기 시작하였습니다. 가족, 출산, 육아, 가사노동분담, 여성노동, 보건, 정치참여, 성희롱, 가정

3 주경미, 김영예, 김현지, 이옥경, 전혜숙, 김혜정, 〈2008 부산여성가족통계연보-통계로 보는 부산여성의 삶〉, 부산여성가족개발원, 2008, 21~22쪽.

폭력, 무보수노동 통계 등이 그러한 사례이겠지요. 이러한 통계는 예전에는 생산되지 않았거나 생산되더라도 남녀 구분 없이 만들어지던 통계였습니다. 또한 세계 각국에서는 〈Women and Men in Sweden〉, 〈Women in Canada〉, 〈Women and Men in Finland〉, 〈The World's Women〉과 같은 여성 통계 자료를 내고 있으며 우리나라에서도 한국여성정책연구원에서 〈여성통계연보〉에 이어 〈한국의 성 인지 통계〉를, 여성부에서 〈여성가족통계연보〉를, 그리고 부산여성가족개발원에서 〈부산여성가족통계연보〉를 해마다 발행하는 등 성인지적통계의 필요성을 널리 인식시키고 여러 분야에 그러한 통계가 활용될 수 있도록 애쓰고 있습니다.

한편 UN과 같은 국제기구에서도 세계 각국 여성의 지위를 비교해볼 수 있는 지수들을 만들어 발표하고 있는데 대표적인 것들로 성별 기대수명, 성인문맹률, 초·중·고등학교 취학률, 예상소득 등으로 계산하는 '남녀평등지수Gender-related Development Index, GDI'라는 것이 있습니다. 이 지수는 남녀평등 정도를 지표화한 것이라고 볼 수 있겠는데 우리나라는 2009년에 155개국 중에서 26위로 평가되었습니다. UN 산하 기구에서 만드는 또 다른 지표로 '여성권한척도Gender Empowerment Measure, GEM'라는 것도 있는데 이것은 국회의원이나 입법, 고위임직원 및 관리직, 전문기술직 등에서 일하는 여성의 비율, 그리고 남녀의 소득비 등으로 계산됩니다. 즉, 이 지표는 남녀평등지수와 달리 정치, 경제 분야의 중요한 정책결정 과정에 여성이 어느 정도 참여하고 있는지를 나타내는 지표라고 할 수 있겠지요. 우리나라는 2009년에 109개국 중에서 61위라는 상당히 낮은 평가를 받았습니다.[4]

'교육부'라는 우리나라 정부부처의 이름이 '교육인적자원부'라는 기다란 이름으로 바뀐 것은 외환위기 이후인 2001년 무렵이었던 것 같습니다. 당시에 이미 사람을 인적 자원으로 부르는 것은 어처구니없는 짓이라는 반응들이 적지 않았습니다만 국가파산이라는 현실 속에서 새로운 경제모델을 만들어야 할 절박함이 더 컸던 것 같습니다. 물론 과연 그런 상황이 '사람'을 다시 정의해야 할 정도로 심대한 변화가 불가피한 상황이었는지에 대해서는 후세의 역사가들이 판단할 문제이겠습니다. 교육인적자원부가 생기던 시절 이후 우리나라가 지향해온 사회 모델 중 하나로 소위 '지식기반 사회'를 들 수 있겠습니다. 그런 사회가 어디에 있는지, 어떤 나라를 본뜬 것인지 따져 들어가기 시작하면 한도 끝도 없을 테지요. 그것이 정부의 뜻이었든 자본의 뜻이었든, 새로운 사회 모델이 제시될 적에는 항상 현실 사회가 그 모델에 얼마나 근접한가를 평가하기 위해 통계가 동원됩니다. 예컨대 GDP 대비 R&D 투자액, 인구 1만 명당 논문 발표 건수, 지식의 경제성장 기여도 등등이

4 UNDP, 〈Human Development Report 2009〉, UN Development Program, 2009, 181～190쪽.

'지식기반 현황을 알아보기 위한 지표'들이었습니다.[5] 이러한 여러 통계 값들은 당연히 여러 나라가 얼마나 지식기반사회에 도달했는지 그 수준을 비교하는 데 널리 이용되므로 사람들은 그 지표들을 높이기 위해 집중하게 됩니다.

그런데 과연 그런 지표들이 그 이전에도 중요했을까요?

아닙니다.

또 그런 여러 지표들이 함께 묶여서 등장한 적이 있었을까요?

없었습니다.

그런데 '지식기반사회'라는 모델을 제시하고 그 모델과 현재 사회를 비교하기 위해 몇몇 통계지표를 정하는 것은 누구일까요? 당연히 몇 가지 지표가 정해지면 그 지표는 큰 힘을 발휘하고 그 사회를 규율하고 개인을 옥죄기 시작합니다. 수학 과목이 수능시험에서 큰 비중을 차지하도록 누군가가 정해놓은 탓에 중, 고등학교 학생들이 학교에서 적지 않은 시간동안 수학공부를 하고 방과 후에는 수학학원까지 부지런히 다녀야 하는 것과 마찬가지입니다. 대체 수학 공부를 왜 해야만 할까요? 수학이 그렇게 중요하다고 누가 결정했을까요?

통계는 현실을 있는 그대로 반영해서 보여주기도 합니다만 이처럼 지향해야 할 미래를 가리키기도 합니다. 즉 통계가 사람들의 행동을 이끌고 강력히 구속하기도 합니다. 가장 자율적이고 신분

5 서동진, 〈자유의 의지 자기계발의 의지〉, 돌베개, 2009, 69쪽.

이 보장된다고들 생각하는 대학의 교수들만 하더라도 논문편수로 교수를 평가하고 대학을 평가하는 분위기가 나타나면 거기에 맞추어 살게 됩니다. 이처럼 통계는 무미건조한 숫자가 아니고 사람들을 통제하는 대단히 강력한 수단입니다.

우리는 통계라는 것이 객관적 사실이라고 받아들이는 한편, '통계란 새빨간 거짓말'이라는 말에도 어렵지 않게 수긍합니다. 앞에서 지식기반사회를 언급한 것은 통계라는 것이 상당히 정치적이라는 것을 강조하기 위해서였습니다. 국가의 정책방향이 바뀌면 그러한 정책을 평가할 수 있는 통계가 필요하게 됩니다. 따라서 이전까지 만들지 않았던 새로운 통계를 만들고 널리 광고하기 시작합니다. 물론 오랫동안 만들어오던 통계를 더 이상 안 만들게 되거나 또는 통계를 작성하는 방법을 바꾸기도 합니다. 따라서 무엇보다 통계는 사람이 만드는 사회적인 생산물입니다. 우리가 '인구'라고 할 때 그 속에는 모든 사람을 숫자 1로 헤아리는 지극히 평등주의적인 생각이 들어있습니다. 하지만 '인적 자원'은 그런 평등보다는 평생 자기계발을 위해 애쓰는 인간을 모델로 삼고 있습니다. 한때 우리 사회에서 한창 유행했던 '신지식인'이라는 말이 그러한 모델을 잘 보여줍니다.

이 책에서는 우리가 객관적이며 정확하다고 쉽게 간주하는 통계의 애매모호한 모습과 그 한계도 자주 언급할 것입니다. 통계는 유럽의 역사에서 본다면 아무리 길게 잡아도 겨우 200년 남짓한 역사 밖에 가지지 못한 젊은 분야입니다. 우리 역사에서야 더 말할 나위도 없습니다. 이 책을 읽는 분들이 통계와 친해지지는 않더라도 어떠한 통계를 만나든 먼저 의심하고 따지고 들게 되기를, 즉 통계에 대해 비판적인 안목을 얻게 되기를 바랍니다. 각종 사회, 경제 현상을 측정하는 데 쓰이는 통계지표들을 '이미 주어진 것'으로 보고 수동적으로 받아들여 그대로 답습하기보다는 그 지표들 자체가 갖는 역사적인 배경, 사회적 정당성, 미래 사회에서의 적합성 등을 함께 생각하기 바랍니다.

모든 사회적 제도들이 그러하듯 통계지표들 역시 나름의 역사를 갖고 있으며 계급적인 대립, 그리고 타협의 산물일 수밖에 없습니다. 예컨대 우리가 고용통계를 공부할 때 자세히 살펴보겠습니다만 1990년대 이후 우리 사회에서 중요한 쟁점 중 하나로 떠오른 비정규직 문제만 보더라도 전체 임금노동자 중 비정규직이 차지하는 비중이 정부가 발표하는 통계수치와 노동계의 통계가 거의 20%포인트 가깝게 차이가 날 정도로 서로 크게 다릅니다. 알고 보면 비정규직이라는 범주에 대해서는 국제적인 정의도 없습니다. 따라서 정부가 사용하는 지표의 정의가 언제나 보편적이고 올바른 것일 수도 없는 법이지요.

그리고 최근 경제협력개발기구OECD 같은 국제기구에서는 지금까지 국민의 생활수준을 측정하는 데 널리 사용되고 있는 국내총생산GDP을 대체할 새로운 지표를 만들기 위해 회의를 거듭하고 있습니다. '발전 측정, 비전 수립, 삶의 질 향상'이라는 주제를 내걸고 2009년 가을 부산에서 열린 〈OECD 세계포럼〉에서도 노벨상 수상자와 각국의 정부 관리, 통계 전문가들이 모여 그러한 논의를 하는 모습을 볼 수 있었습니다.[6] 새로운 지표는 경제적인 생산량보다는 국민들의 삶의 질을 측정할 것이라고 하는데 우리나라에서도 '행복지수'와 같은 새로운 삶의 질 지표를 만들기 위한 연구들이 이어지고 있습니다.[7] 많은 사례가 있겠습니다만 복지 수준을 측정하기 위한 '지속가능한 경제복지지표(index of sustainable economic welfare, ISEW)'도 그러한 지표 가운데 하나이겠습니다. 한국보건사회연구원에 따르면 2007년 우리나라의 1인당 GDP는 20,015달러였는데 1인당 복지GDP는 11,569달러로서 1인당 GDP의 57.8%에 해당한다고 합니다.[8] 또한 2009년 11월 18일자 〈제주일보〉에 실린 박상섭 기자의 글도 그와 유사한 지표들 중 몇 가지를 보고 쓴 기사입니다.

6 통계청, 〈OECD 세계포럼의 이해-제3차 OECD 세계포럼 프로그램〉, 2009.

7 황명진, 심수진, "행복지수의 개발-지표체계 구성안", 〈통계수요에 대응하기 위한 통계개선방안〉, 통계개발원, 2007, 230~310쪽.

8 한국보건사회연구원, 〈보건 · 복지 Issue & Focus〉, 제10호, 2009.

행복, 거꾸로 6위

누군가는 인생의 목표를 행복이라고 한다. 사람이 살아가는 목적이 바로 행복이기 때문이다. 행복을 찾기 위해 누군가는 학교에서 학생을 가르치고, 누군가는 농산물을 생산한다. 또 누군가는 배를 만들고, 누군가는 전자제품을 만들 것이다. 범인을 잡기 위해 밤을 새며 잠복하는 경찰도 결국 범인을 잡으면 행복하기 때문이다. 이에 반해 행복은 보너스라고 하는 사람도 있다. 누군가가 자기가 하고 싶은 일을 보면 행복은 저절로 찾아오는 보너스라는 것이다. 행복이 목표든 보너스든 인생에 있어 중요한 것은 틀림이 없다.

그런데 우리나라 사람들은 다른 나라에 비교해 얼마만큼 행복을 느끼고 있을까. 한국보건사회연구원이 최근 OECD의 국가행복지수를 이용해 세계 주요 30개국의 행복정도를 분석한 결과가 눈길을 끈다. 국가행복지수는 경제, 자립, 형평성, 건강, 사회적 연대, 환경, 생활만족 등 7개 분야에서 소득분포, 고용률, 학업성취도, 소득불평등, 빈곤율, 기대수명, 자살률 등 26개 지표를 각각 계산한 후 이를 통합해 분석한 것이다. OECD 회원국 30개국 중 우리나라의 행복지수는 0.475점으로 25위를 보였다. 거꾸로 6위라는 것이다. 자본주의가 가장 발달했다는 미국도 20위에 그쳤다. 군사 및 경제 대국 국민도 생긱만큼 행복하시는 않은 셈이다. 그렇다면 행복지수가 가장 높은 나라는 어디일까.

바로 스위스다. 이 밖에 룩셈부르크, 노르웨이, 스웨덴, 오스트리아, 캐나다 순으로 나타났다.

우리나라 보다 행복지수가 낮은 나라는 폴란드, 슬로바키아, 멕시코, 헝가리, 터키에 그쳤다.

과거 동구 공산권에 있던 체코가 23위로 우리나라보다 행복지수가 높은 것이 눈에 띈다.

그렇다면 국가별 번영지수는 어떻게 나올까. 영국 싱크탱크 그룹 레가툼이 최근 발표한 2009년 레가툼 번영지수에 눈길이 모아진다. 레가툼 번영지수는 전 세계 104국을 대상으로 경제분야, 민주적 제도, 치안, 정치적 안정, 개인의 자유, 사회자본 등 국가발전을 이루는 다양한 요소를 평가에 반영한다. 이번 평가에서 1위는 핀란드, 2위는 스위스, 3위는 스웨덴, 4위는 덴마크, 5위는 노르웨이가 차지했다. 상위 5개국 중 북유럽 국가가 4개국인 점이 관심을 끈다. 우리나라는 26위로 나타났으며, 미국은 9위, 일본은 16위로 조사됐다.

이번 평가에서 특히 우리나라 국민들의 마음을 아프게 하는 것은 '개인의 자유'면에서 우리나라가 104개 나라 중 70위로 평균이하 점수를 받은 것이다. 개인의 자유는 민주주의의 핵심 가치다. 그런데도 우리나라 '개인의 자유'가 이토록 세계수준에 못 미치는 것은 사실 부끄러운 일이다.

특히 이명박 정부 들어 민주주의가 뒷걸음질하고 있다는 얘기가 이곳저곳에서 나오는 시점이어서 더욱 가슴을 아프게 한다. 그동안 전국 많은 대학 내 교수들이 시국선언을 하며 이명박 정부의 민주주의의 역행을 지적했던 것이 헛말이 아니었음을 말해주는 것이기도 하다.

우리나라의 행복지수가 거꾸로 6위였던 것도 '개인의 자유'와 관계가 깊다. 개인의 자유가 부족한 곳에서 어떻게 사람이 행복을 느낄 수 있을까. 이명박 정부의 747공약은 사람들의 뇌리에서 사라진지 오래다. 집권 기간 내 이뤄질 수 없는 '희망'이기 때문이다. 그 대신 우리나라의 '개인의 자유'수준이 104개국 평균수준에만 올랐으면 하는 마음이다. 글쎄, 이명박 집권 기간 내 이뤄질 수 있을까. 베스트셀러 장하준의 '나쁜 사마리아인들'을 군인들은 자유롭게 읽지 못하게 하는 나라인데도.

〈박상섭 편집부장〉

신문에 실린 칼럼을 하나 더 인용합니다. 아래 칼럼은 2010년 초 〈한겨레〉 논설위원인 권태선이 쓴 "행복지수가 두려워서야"라는 제목의 칼럼입니다. '국가행복지수'라는 것을 만들고 발표하는 일은 마마 통계청의 소관일 텐데 통계청이 하는 일이 때로는 얼마나 정치적일 수 있는지 생각해보기 바랍니다.

행복지수가 두려워서야

지난해 8 · 15 경축사에서 이명박 대통령이 약속했던 국민행복지수 개발이 사실상 중단됐다고 합니다. 이 대통령은 당시 소득 · 고용 · 교육 · 주거 · 안전 등 5대 민생분야를 아우르는 지수를 연내 개발해 삶의 질 개선을 위한 지표로 삼겠다고 약속했습니다. 지수 개발이 중단된 데는 여러 이유가 있지만, 정권에 도움이 될 게 없다는 당국의 인식이 크게 작용했다고 합니다. 어찌 보면 이런 우려는 당연해 보입니다.

그동안 국제적인 행복도 조사에서 우리나라는 중하위권에 머물렀습니다. 2008년 미국의 '세계 가치관 조사'(월드 밸류스 서베이)의 주관적 행복도 조사에선 100개국 가운데 62위였습니다. 영국 레스터대학이 경제상황, 의료제도, 교육 등 행복에 영향을 주는 요인을 분석해 2006년 발표한 행복지도에서도 178개국 중 102위였습니다. 1인당 국민소득 순위가 30~40위권인 점을 고려하면 행복도가 훨씬 떨어지는 사회인 것이지요.

국민행복지수 개발이 기대를 모았던 것은 경쟁 중심의 성장일변도 사회를 삶의 질을 중시하는 사회로 변화시킬 수 있는 동력이 될 수 있다는 점 때문이었습니다. 그런데 이렇게 중단해버린다면 국민의 삶의 질 개선에 대한 정권의 의지를 의심하지 않을 수 없습니다.

행복을 삶의 주요 가치로 인정할 때 두 조사에서 모두 1위를 한 덴마크란 나라는 연구해볼 만합니다. 인구 1000만 명도 안 되는 북유럽의 작은 나라인 덴마크는 북해의 유전을 빼고는 특별한 부존자원도 없고, 우리나라 못지않게 대외의존도도 높습니다. 고용의 유연성은 세계 최고 수준이지만, 노동자들은 생계에 대한 불안 없이 살아갑니다. 탄탄한 사회안전망과 철저한 직업 복귀 교육으로 쉽게 새 일자리를 찾을 수 있기 때문입니다. 아프면 거의 무료로 치료받을 수 있고, 고령자에 대한 사회부조 시스템도 거의 완벽합니다.

물론 이런 혜택을 얻기 위해 덴마크인들은 소득의 절반가량을 직접세로 내고 25%의 소비세까지 부담합니다. 이 때문에 덴마크는 고복지 · 고부담 사회라고도 하지만, 덴마크인들의 생각은 다릅니다. 세금이 국민 모두에게 환원되므로 단순한 부담이 아니라는 거지요. 실제로 세금의 75%는 교육 · 의료보장 · 복지 등으로 국민에게 되돌아갑니다.

일본에서 나온 〈세계 제일 행복한 나라 덴마크가 사는 법〉이란 책은 그 비결을 교육에서 찾습니다. 유아원 아이들은 모두 집에서 간식을 가지고 가지만, 그것을 먹을 때는 모두 모아 함께 골고루 나눠 가집니다. 또 중학교까지의 의무교육 기간에는 시험이 없고, 수업은 교사와 학생이 서로 토론하며 해답을 찾아가는 과정으로 이뤄집니다. 바로 이런 교육이 경쟁보단 연대를 존중하고 대화와 타협을 중시하는 사회문화를 만들어낸다는 것입니다. 이런 사회문화는, 어느 정도 물질적 욕구가 충족된 후엔 사회적 형평성과 연대감이 행복도를 높인다는 연구 결과에 부합합니다.

그렇다면 이런 사회는 우리가 도달할 수 없는 먼 나라의 이야기일 뿐일까요? 그렇지는 않습니다. 덴마크가 복지제도의 근간을 마련한 것은 1930년대 대공황 때입니다. 다시는 이런 고통을 겪지 않아야 한다는 사회적 공감대가 형성됐던 것이지요. 이후 제도의 퇴행을 막은 것은 90%대의 투표율로 상징되는 국민의 높은 정치참여율입니다. 자신의 권리에 민감한 국민이 자신의 행복을 지켜내는 것입니다.

지난해 자본주의의 타락상을 고발한 영화 〈자본주의 : 러브스토리〉를 만든 마이클 무어 감독은 이 영화의 메시지가 "민주주의에 책임을 지라는 것, 참여해야 한다는 것"이라고 말합니다. 국가의 주인으로서 자신과 사회를 위해 올바른 방향을 인식하고, 그에 따라 행동할 때 민주주의도 행복한 나라도 가질 수 있다는 그의 주장, 맞는 말 아닙니까?

(《한겨레》, 2010. 2. 1.)

일단 새로운 통계지표가 만들어지고 나면(그동안 우리가 GDP와 경제성장률 통계가 어떻게 이용되는지 익히 보았듯) 정치가들은 그 지표의 변화를 치적으로 삼으려 할 것이고 사회는 그 지표를 높이는 방향으로 움직이게 되겠지요. 그러므로 사회의 미래 모습을 규정하는 역할을 하게 될 지표에는 보다 많은 사람들의 의견과 지향이 담겨야 마땅할 것이니 지표를 만드는 일을 '전문가들'에게만 맡겨두지 말고 함께 관심을 갖고 지켜보아야겠습니다. 글을 읽고 쓰지 못하는 사람을 '문맹'이라 부르고 수에 대해 깜깜한 사람을 '수맹'이라 부르듯 통계를 제대로 읽어낼 수 있는 능력을 'statistical literacy'라고 부릅니다. 이 책을 통해 그런 능력을 조금 길러봅시다.

플로렌스 나이팅게일

머리말에서도 잠깐 나왔듯이 통계학이 학문으로 자리를 잡고 여러 분야에서 널리 쓰인 것은 20세기 이후부터였습니다. 비록 수학적인 틀은 제대로 갖추지 못했었지만 20세기가 되기 이전에도 유럽 각국, 특히 영국에서는 다양한 통계를 만들고 이용하였습니다. 전문적인 지식보다는 열정이 더 중요한 역할을 했었던 시기라고도 할 수 있겠지요. 얼핏 생각하면 통계와 아무런 상관도 없었을 것 같은 인물 가운데 가장 널리 알려진 인물을 한 사람 소개해보겠습니다. 이른 바 '백의의 천사'로 위인전에 등장하

는 플로렌스 나이팅게일Florence Nightingale, 1820~1910이 바로 그 사람입니다. 이 글은 제가 〈한국통계학회소식지〉22권 5호, 2009, 9~15쪽의 '통계학사 인물읽기'라는 코너에 실었던 글을 줄여서 다듬은 것입니다.

인과관계를 보여주는 통계그래픽

요즘도 아이들이 '위인전'이라는 책들을 보는지 모르겠는데 옛날 읽었던 위인전에서 나이팅게일은 아주 드물게 등장하는 여성 '위인'이었다. 이순신이든 링컨이든 전태일이든 게바라든 위인전에 주인공으로 실린다는 것은 그 인물이 이미 신화화되었다는 말이다. 즉 책에 등장하는 위인들의 모습은 역사를 살았던 생생한 한 인간의 모습이라기보다는 거품에 둘러싸여 미화된 모습인 경우가 대부분일 것이다. 기억을 돌이켜보면 나이팅게일을 소개하는 위인전에는 거의 빠짐없이 삽화가 함께 실렸던 것 같은데 삽화 속의 그녀는 야전병원에서 램프를 들고 부상자들을 굽어보는 우아한 모습을 하고 있다. 그렇게 한 인물이 '백의의 천사'로 격상되면서 종종 현실 간호사들의 고된 노동은 덮여버리게 된다. 나아가 백여 년 전에 만들어진 나이팅게일의 신화는 지금도 간호사 스스로, 그리고 간호사를 보는 다른 사람으로 하여금, 열악한 노동 조건을 참고 감수하도록 강제하는 역할까지도 한다. 여러 이유로, 아니 온통 남성들의 잔치라는 단 하나의 이유만으로도, 대부분의 위인전은 아이들에게 읽히지 말아야할 금서 가운데 으뜸이다.

과장이 섞인 이야기겠지만 19세기 후반 당시 나이팅게일은 영국에서 가장 유명한 여성 2위였다고 한다. 그렇다면 1위는? 바로 1830년대부터 무려 63년 동안 영국을 다스린 빅토리아여왕 자신. 1820년부터 1910년까지, 나이팅게일이 살았던 시기는 영국사에서 빅토리아여왕의 긴 통치 시기와 거의 겹친다. 그 시기는 유럽 전체적으로 큰 전쟁이 별로 없었던 아주 예외적인 시기였으며 소위 대영제국을 이룩한 영국의 전성기이기도 하였다.

빅토리아시대 영국은 가장 먼저 산업혁명 과정을 통과한 나라로서 산업화의 부작용 역시 가장 먼저 겪게 되었다. 범위를 좁혀서 통계학의 역사를 중심으로 살펴본다면 빅토리아시대 영국은 다른 나라보다 사회통계가 가장 활발했던 나라라고 할 수 있다. 빈곤, 보건, 실업, 교육, 노동자들의 생활상 등 사회통계 분야에서 그처럼 영국이 앞설 수 있었던 이유는(19세기말 이후 통계학의 역사와는 달리) 몇몇 뛰어난 천재들의 선구적인 활약 때문이 아니었다. 인류 역사가 시작된 이래 가장 근본적인 혁명을 몰고 온 산업화 과정이 급속히 진행되면서 극에 다다른 사회적 소용돌이가 사회통계를 발달시킨 근본 토양이었다. 1850년대에 명성을 얻은 나이팅게일 역시 그러한 변화에 민감하게 반응한 인물 중 하나라고 볼 수 있다. 하지만 오늘날 통계학의 역사에서 그녀는 대개 통계그래픽의 역사를 이야기할 때 등장하므로 우리도 우선 나이팅게일이 만든 멋진 그래픽을 중심으로 이야기를 시작해보자.

통계 그래픽의 역사에 관심을 가진 분들은 아마 1861년 미나 Charles Joseph Minard, 1781~1870라는 프랑스 엔지니어가 그린 그림을 인상 깊게 기억할 것인데 그 그림은(차이코프스키의 '1812년 서곡'에도 나오는) 나폴레옹의 러시아 원정을 표현한 통계그래픽이다. 그 그림에서 미나는 42만 명에 달하는 대병력을 동원하여 러시아를 침공했던 프랑스군이 급기야는 그 병력의 대부분을 잃어버리고 단 1만 명만 남기까지의 과정을 그림으로 그렸다. 미나의 그림은 '역사상 으뜸가는 그래픽'으로 상찬되면서 통계그래픽 교과서마다 빠짐없이 고전으로 실리는 그림이다. 이 그림이 그처럼 높게 평가되는 이유는 미나가 각 시기별 프랑스군의 병력손실을 기온, 지리적 거리 등과 연결하여 살필 수 있도록 모두 여섯 개의 변수를 단 한 장의 그림 속에 멋지게 담아냈기 때문이다.

우리가 위인전에서 읽어 잘 알듯 나이팅게일이 명성을 얻게 된 것은 1854년부터 1856년 사이에 크리미아 반도에서 벌어진 전쟁 때부터였다. 한 통계에 따르면 그 전쟁에 참가한 각국의 군인 수를 합하면 165만 명 정도였는데 그 가운데 무려 90만 명이 사망했다고 한다. 문제는 그런 믿기 어려운 참극이 치열했던 전쟁 때문에 생긴 것이 아니라는 데 있었다. 영국의 경우 크리미아 반도에서 부상당한 군인들을 흑해 건너 터키에 있는 군 병원에 수용하여 치료했는데 사실 그곳은 병을 치료하는 곳이라기보다는 없는 병도 생기게 만드는 곳이었다. 식사, 의료진, 위생설비 등 모든 조건들이 너무나 나빴기 때문에 그곳에서는 티푸스, 장티푸스, 콜레라, 이질과 같은 전염병이 창궐할 수밖에 없었고 아이러니하게도 명색이 병원이라는 곳에서 전쟁 중에 당한 부상으로 사망하는 군인보다 이런 질병으로 사망하는 군인들이 훨씬 많았던 것이다. 잘 알다시피 나이팅게일이 30여명의 여성을 이끌고 터키로 건너 간 것은 그와 같은 전쟁의 참상을 보도한 신문을 읽고 난 뒤였다. 터키에서 '천사처럼' 병사들을 돌보고 군 병원의 위생환경을 개선하고 꼼꼼히 사망통계를 만드는 등 그녀가 벌인 활동은 또한 신문을 통해 크게 보도되었으며, 그녀는 30대라는 젊은 나이에 이미 유명인사가 되었고 당시까지 거의 하녀와 다름없이 인식되던 간호사라는 직업은 완전히 새로운 모습으로 각광받게 되었다.

어떤 우연이 작용한 것인지 모르지만 미나와 마찬가지로 나이팅게일 역시 전쟁에 참가한 군대의 병력손실이라는 데이터를 가지고 역사에 남을 걸작 그래픽을 그렸다는 점은 흥미롭다. 물론 나이팅게일이 미나의 그림을 참고로 해서 그림을 그린 것은 아니다. 그녀의 그림은 미나의 그림보다 여러 해 앞선 1858년에 발표되었다. *'Diagram of the causes of mortality in the army in*

http://www.Florence-Nightingale-Avenging-Angel.co.uk/Coxcomb.htm

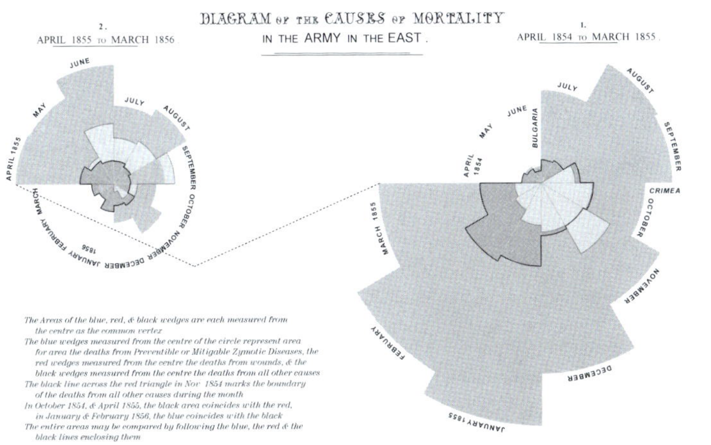

the east'라는 제목이 붙은 이 그림은 흔히 그림의 모양 때문에 coxcomb(닭의 머리에 달린 볏) 또는 나이팅게일의 장미라고 불리는데 얼핏 보면 파이그림과 비슷해 보이기도 하는 그림이다. 그림에서 원의 중심으로부터 세 개가 겹쳐진 모양으로 그려진 쐐기는 월별 사망률을 나타낸다. 그리고 쐐기 내부의 세 가지 색깔은 서로 다른 원인으로 인한 사망률(가장 바깥에 있는 파란색은 질병으로 인한 사망, 가운데에 있는 붉은 색은 부상으로 인한 사망, 중심에 가장 가까운 곳에 있는 검은 색은 기타 이유로 인한 사망)을 나타낸다. 그림을 보면 특히 오른쪽 그림(1854년 4월부터 1년간)에서 질병으로 인한 사망이 압도적으로 많았던 것을 알 수 있는데 전쟁터에서 부상으로 인한 사망보다 질병으로 인한 사망이 이처럼 많았다는 것은 병사들이 생활하는 환경이 얼마나 비위생적이었는지 잘 보여준다. 그러다가 왼쪽 그림으로 옮아가면서 사망률이 줄었고 사망 원인별로는 특히 파란색 쐐기조각의 면적이 크게 줄어든 것을 알 수 있다. 나이팅게일은 이 그림을 통해 군병원의 위생 상태를 개선하기 위한 조치들이 시행되면 질병으로 인한 사망률을 얼마나 크게 줄일 수 있는가를 보여주려 했던 것이다. 이 그림은 군대의 위생 상태를 개선했을 때 생기는 극적인 변화를 한 눈에 볼 수 있게 해주는 멋진 그림이다.

형태로만 보면 그녀의 그림은 반세기 전 플레이페이William Playfair, 1759~1823가 그린 파이 그림pie chart을 개량한 것으로 볼 수도 있지만 플레이페어의 그림이 동그라미 조각의 크기를 가지고 구성비를 비교하여 보여주는 역할만을 했던 반면 나이팅게일의 그림은 인과 관계를 드러냄으로써 단순히 비교하는 역할을 넘어 훨씬 더 많은 것을 전달하고 있다. 이러한 그림을 가지고 나이팅게일은 숫자로 된 통계를 싫어하던 많은 사람들, 특히 정치인들로 하여금 공중보건을 위한 정책을 마련하도록 설득하였다. 그러한 설득 과정에서 그녀가 만났던 사람들 중에는 빅토리아 여왕 부처도 포함되며, 그녀가 거둔 여러 성과 가운데에는 나중에 간호학교를 세우는데 쓰이게 될 상당한 액수의 기부금도 들어있었다.

결과적으로 볼 때 군대 병원이라는 한정된 공간은 여러 가지 변수를 자동적으로 통제할 수 있었던 곳이었으므로 그녀에게 좋은 실험실이었던 셈이다. 그녀의 실험은 영국으로 돌아온 후 해외 주둔 군인들뿐 아니라 국내에 머물고 있는 군인들의 위생 개혁, 그리고 사회 전체의 위생 개혁을 위해 노력하는 등 활동영역을 확장해나가는 밑거름이 되었다.

19세기의 위생개혁운동과 통계

의학의 역사를 연구하는 사람들의 말에 따르면 나이팅게일이 살았던 시기는 '질병이 왜 생기는가?'라는 질문을 두고 두 가지 입장이 대립하던 시기였다고 한다. 이른 바 감염설感染說, contagionism

과 장기설瘴氣說, miasmatism이 그것인데 감염설을 주장한 쪽에서는 전염병과 같은 질병을 일으키는 어떤 인자가 있어서 그 인자를 가진 사람과의 접촉을 통해 병이 퍼진다고 주장한 반면, 장기설을 옹호하는 쪽에서는 질병은 오염된 생활환경 때문에 생긴다고 주장하였다. 물론 이러한 대립의 배경에는 18세기 후반부터 시작된 산업혁명으로 인한 급속한 사회 변화라는 요인이 자리잡고 있었다. 산업혁명의 과정에서 농토가 모직산업을 위한 목양지로 바뀌면서 삶의 터전을 송두리째 빼앗긴 농민들은 공장이 있는 도시로 몰려들어 노동자와 빈민이 될 수밖에 없었다. 그런데 도시에는 주택이나 상하수도 설비를 비롯한 시설이 제대로 마련되어있지 않았으므로 도시 노동자와 빈민들의 생활환경은 극도로 열악할 수밖에 없었던 것이다. 이에 따라 장기설은 19세기가 저물 무렵까지 질병을 설명하는 유력한 이론으로 떠오르게 되었고, 많은 사회개혁운동가들이 그 이론에 따라 주거공간의 환경을 개선한다든가 상하수도 시설을 마련한다든가 공장의 작업환경을 개선하기 위해 노력하였다.

급속한 변화 속에서 이처럼 사회 개혁의 길을 모색하던 사람들이 이론이 아니라 실제 사회의 현실을 파악하기 위해 찾았던 (아마도 거의) 유일한 방법이 바로 통계였을 것이다. 구미 각국에서는 1800년을 전후한 시기에 정기적인 센서스를 실시하기 시작하였는데 그러한 조사 외에 영국을 비롯한 나라들에서 사회통계가 발달하게 된 데에는 장기설에 바탕을 둔 19세기 위생개혁 운동Sanitary Reform Movement이 대단히 중요한 역할을 하였다. 물론 일찍이 페스트와 같은 몇몇 전염병은 감염을 통해 전염된다고 알려져 있었지만 모든 질병에 대해 그러한 주장이 받아들여진 것은 아니었다. 하지만 19세기 중반을 넘어서면서 병원의 의사들을 중심으로 장기설보다는 감염설 쪽을 받아들이는 사람들이 늘었고 양쪽 주장을 서로 타협시켜보려는 사람들도 여럿 나타났다.

나이팅게일은 원래 군 병원의 참상을 보고 의료개혁 운동에 뛰어든 인물인 만큼 감염설보다는 장기설을 적극 옹호하는 입장일 수밖에 없었다. 물론 그녀의 활동은 눈부실 만큼 대단히 성공적인 것이었고 그 덕분에 군대 병원뿐만 아니라 민간 병원의 위생 상태도 크게 개선될 수 있었다. 하지만 이면을 들여다보면 그녀의 활동에 대한 비판이 전무했던 것은 아니었다. 이미 1860년대 초부터 일부 의사들은 의학저널 등을 통해 나이팅게일의 견해를 의학에 대해 무지한 사람이 쓴 낡은 것이라고 혹평하기 시작하였다. 사실 19세기 영국의 공중보건과 통계에서 가장 중요한 인물이었던 파르(William Farr) 역시 1850년대까지만 하더라도 콜레라와 같은 전염병의 원인을 주거지역의 높이에 따라 달라지는 공기의 문제라고 주장하는 등 장기설을 적극 옹호한 바 있었다. 하지만 그 자신이 의사이기도 했던 파르는 점차 감염설을 받아들이는 쪽으로 입장을 바꾸었다. 반면 나이팅게일은 계속 종전의 입장을 고수하였고 점차 그녀의 주장은 정말 낡은 것으로 바뀌어갔다.

그러다가 1880년대 이후 파스퇴르, 코흐 등이 세균학을 발전시키면서 장기설 대신 감염설이 득세하게 되었고 사회개혁운동가들보다는 실험실의 과학자가 공중보건 분야에서 중요한 역할을 담당하게 되었다. 영국의 경우 이 시기는 19세기 중반 오랫동안 영국 통계를 주름잡았던 파르의 시대가 저물고 골턴과 피어슨의 시대가 열린 시기였다. 즉 이전보다 훨씬 수학적인 이론에 바탕을 두게 되는 현대통계학은 다윈의 책이 촉발시킨 우생학적인 동기 이외에 장기설의 약점이 드러나면서 19세기 통계학의 한계를 극복하고 새로운 통계학을 세워야할 필요성 덕분에 생긴 것이라고도 할 수 있다.

전염병으로 많은 사람이 희생되던 시대에는 나쁜 주거와 위생환경 속에서 열악한 영양 상태를 벗어나기 어려웠던 하층 사람들의 희생이 컸으므로 장기설이 설득력을 가질 수밖에 없었다. 하지만 오늘날은 이미 대부분의 나라에서 전염병은 주요한 사망원인이 아니다. 대신 심장병이나 암과 같은 만성질병들이 그 자리를 차지했고 그러한 병을 부르는 요소로 흡연, 식습관, 노동환경, 운동부족 등이 꼽힌다. 이처럼 질병의 종류도 변했고 질병의 원인도 달라졌으니, 건강이라는 문제를 사회 환경 속에서 고민했던 19세기 사회개혁가들의 생각도 이젠 역사책 속에만 남게 되었을까?

현실은 그 반대이다. 사회의학을 연구하는 학자들에 따르면 한동안 위축되었던 장기설은 20세기 말 이후 본격적으로 재조명되고 있다고 한다. 사회적 배제나 실업 등이 '건강의 사회적 결정 요인social determinants of health'으로 중요한 연구 주제가 되면서 장기설이 다시금 크게 주목받고 있다는 것이다. 여러 사회적 요인에 따른 건강불평등을 연구하는 학자들이 내놓은 통계를 보면 못 배우고 가난한 사람들이 여러 질병에 대해 취약하다는 사실이 명확히 드러난다. 즉 19세기와 다를 바 없이 오늘날 역시 하층 사람들이 만성질병에 보다 더 쉽게 희생당하는 삶을 살고 있다는 것이다. 가령 고용불안, 저임금, 게다가 스트레스에 시달리는 비정규직 노동자들이 담배를 피워도 더 피울 테고 운동 시간도 내기 어려울 테니 건강을 지키기가 더 어려울 수밖에 없을 것이다. 이처럼 직업이나, 계급, 교육정도, 그리고 사는 지역에 따라 나타나는 건강불평등 문제는 현미경 앞에 앉아 바이러스만 열심히 찾는다고 해결될 문제가 아닐 것이다. 예컨대 말라리아의 원인이 되는 것들이 모두 규명되었는데도 세계보건기구 등의 통계에 따르면 말라리아로 목숨을 잃는 사람 수가 매년 백만 명에 달한다고 한다. 여러 예방약과 백신이 개발되어있지만 가난한 사람들이 그 비용을 감당할 수 없다면 과연 말라리아는 정말 정복된 것일까?

한편 가난한 사람들의 생활조건이 건강을 지키는데 불리한 현실이라면 치료를 위해 의료기관을 더 많이 이용해야할 사람들 역시 가난한 사람들이어야 할 것이다. 하지만 현실은 그렇지 조차 못하다. 여전히 우리는 썩 넉넉한 형편이 아닌 집에서 가족 중 누가 큰 병에 걸리면 자칫 집안 전체가 풍비박산 나버리는 현실 속에서 살고 있다. 그런데 그런 나라가 우리나라 뿐만은 아닌 모양이다. 최근 미국 대통령이 의료보험제도를 개혁하기 위해 애쓰고 있는 데서도 볼 수 있듯 미국은 기본적으로 의료서비스를 국가에서 보장해주지 않는 나라라고 한다. 그 결과 미국은 의료보험을 갖지 못한(구입하지 못한) 사람의 비율이 소위 선진국 가운데 가장 많은 나라로 알려져 있다. 세계 최고 수준의 신약 개발 능력, 최신 의료 기술력 등에도 불구하고 의료시스템으로 보면 미국은 매우 낙후된 후진국인 것이다. 그런데도 워낙 미국을 좋아해서일까, 우리나라에서도 최근 국민건강보험을 보완할(또는 대신할) 민간의료보험에 대한 논의들을 심심찮게 볼 수 있다. 최소한의 의료서비스를 받을 수 있는 국민건강보험의 보험료조차 내지 못하는 사람들이 적지 않은 판에 보건의료의 상품화, 의료산업, 민간의료보험 등의 논의가 진행되고 있는 것이다.

이런 현실에서 다시금 확인하게 되는 사실은 옛날이나 지금이나 국민의 건강권은 첨예하게 계급적이라는 것이다. 질병을 얻게 되는 환경도 계급에 따라 다르지만 질병을 얻은 뒤 찾게 되는 의료서비스에 대한 접근권도 결국 그 차이로 귀결된다. 조금 오래된 통계이지만 우리나라에서 지역별로 의사 수를 비교하였더니 서울 강남구의 경우 인구 만 명당 의사가 28.26명인 반면 부산 강서구는 그 십분의 일 수준인 2.81명이었다고 한다(2004년 통계). 한 나라 안에 이 정도의 격차가 존재한다면 그런 지역을 묶어 한 나라라고 부르기도 쉽지 않겠다. 더욱 놀라운 점은 그런 극심한 차이에도 불구하고 서울 강남구와 부산 강서구 모두 선거 때마다 같은 정당 후보를 뽑아준다는 점이다. 고도의 통계분석법을 동원해도 설명하기 어려워 보이는 이런 현실 앞에서 그 정당을 칭찬해야할지 비난해야할지 모르겠다. 이런 사례는 우리 사회에서 건강이라는 것이 정치인들이 소홀히 할 수 없는 사회의 이슈가 되고 정치적 쟁점이 되기보다는 개인의 책임으로 치부되는 경향이 크다는 것을 말해주는 한편, 우리 정치가 건강불평등 문제를 빈곤 해소 문제로 의제화해서 보다 평등한 공동체를 지향할만한 정치가 아니라는 것을 알려주기도 한다. 계급사회였던 19세기와 견줄 때 어쩌면 지금이 훨씬 더 철저한 계급사회이고 그 계급이 흔들림 없이 세습되면서 고착화되어버린 사회인지도 모른다.

그러므로 병원이 기업이 되고 의료가 의학전문가들과 부자들이 주무르는 영역이 되어버린 뒤에도 위인전에 나이팅게일이 계속 실린다면 그 이유는 바로 그녀가 가졌던 사회개혁의 꿈이 지금도 절실히 유효하기 때문일 것이다. 나이팅게일의 통계그래픽이 잘 보여주었듯 여론과 국가정책의 방향을 바꾸는 통계는 대단히 강력한 힘을 발휘할 수 있다. 현실의 문제들을 생생히 드러내고 개선책을 찾기 위해 애써 만든 통계가 언론이나 정치권, 그리고 지역 주민들로부터 외면 받고 통계청 창고 속에 방치된다면(통계전문가들의 밥벌이 일거리가 늘어날 수 없는 건 말할 필요도 없겠고) 그 통계는 죽은 통계일 것이다. 통계전문가들은 그간 공중보건, 사회의학 분야의 연구자들이 축적해온 연구 성과를 설득력 있게 널리 퍼뜨리고 객관적인 증거에 바탕을 둔 적절한 대안을 현실적인 정책으로 바꾸는 데에 도움을 줄 수 있을 것이다. 나이팅게일의 후예답게 말이다.

함께 생각해 봅시다

01 언론기관 등에서 주기적으로 대학에 대한 평가를 하고 있습니다. 그러한 지표에 대해 비평하고, 정부기관이나 언론 또는 기업이 아니라 학교에 다니는 학생의 입장에서 대학을 평가할 수 있는 지표를 만들어 보시오.

02 20대의 삶의 질을 측정할 수 있는 행복지수를 나름대로 만들어보시오.

03 우리나라 전체의 통계가 아닌 지역별 통계가 필요한 경우를 생활 속에서 찾아보시오.

04 통계학의 역사에 대한 글을 읽고 '사회 속의 통계'에 대해 토론해 보시오.

Part II

인 구

1. 역사 속의 인구

성별이나 연령별로 인구의 구성을 살펴보고 출생, 사망, 이주 등 인구변동의 원인들에 대해서도 살펴보는 학문을 인구학(demography)이라고 부르지요. 따라서 인구학은 사회학의 한 분야로 간주할 수 있을 것이고 인구통계학은 그러한 인구학의 한 부분이라 할 수 있겠습니다. 이 장에서 우리는 번서 출생, 사밍, 혼인, 이주 등을 나타내는 여러 통계지표들의 정의를 살펴보고 우리나라와 세계의 인구에 대해서도 알아보겠습니다.

말하기도 새삼스럽습니다만 인구통계에서는 각 사람을 1로 헤아립니다. 지금 생각하면 아무런 이상할 바도 없지만 유럽 각국에서 정기적인 인구센서스를 처음 실시했던 19세기 초만 하더라도 전혀 그렇지 않았습니다. 의회라는 것을 두고 대표를 선거로 뽑는 나라에서도 선거권은 신분과 재산 등에 따라 차별적으로 부여되었던 시대에 모든 사람을 동등하게 냉혹한 숫자로 간주하는 것은 지배계층에게나 피지배계층에게나 낯선 일이었을 것입니다. 즉 우리가 지금 당연하게 여기고 있는 선거제도나 통계제도는 지극히 근대적인 산물이라 하겠습니다. 그것이 진보였을까요? 이 책에서 답을 제시하기는 어렵습니다만 책을 읽고 나면 이런 질문에 나름대로 답을 꾸며볼 수 있게 되길 바랍니다. 물론 통계를 써서 답을 만든다면 더 좋겠고요.

인구조사가 역사의 산물인 것과 마찬가지로 사실 인구라는 것에 대한 생각이나 정책도 시대에 따라 무척 달랐습니다. 굳이 역사를 돌아보지 않고 지금 현재 시점에만 국한해서 보더라도 나라별로 또 한 나라 안의 지역별로 인구 문제와 그에 따른 정책이 서로 많이 다릅니다. 우리나라의 경우 수도권에서는 끝없이 팽창하는 인구가 문제라면 그 밖의 지역은 인구 감소를 고민하고 있습니다(수도권 이외의 지역에서 인구감소를 매우 우려하고 있는 것은 사실입니다만 수도권은 인구집중이나 지역 격차를 국가라는 공동체 차원의 사회문제로 생각하기보다는 그러한 모습을 즐기면서 더욱 기득권을 강화하는 수단으로 삼고 있는 것처럼 보입니다).

그런데 다들 인구가 중요하다고들 말하지만 예컨대 우리나라 정부가 그동안 펼친 인구정책만 보더라도 장기적인 전망과 계획에 따라 정책을 시행한 것은 아닌 듯합니다. 지난 반세기 동안 거의 바람에 춤추듯 변화해온 우리나라의 출산정책이 그 좋은 보기이겠습니다. 지금도 남한의 인구가 적은 편은 아닙니다만 지난 1960, 70년대에는 좁은 땅덩어리에 사람만 많다는 생각을 다들 했었습니다. 그 결과 “둘 만 낳아 잘 기르자”, “둘도 많다”는 구호들을 흔히 볼 수 있었고 정부에서도(정관수술인가를 하면 예비군 훈련을 면제해주는 등 갖은 방법을 동원하여) 가족계획사업을 펼치는 등 대단히 적극적인 산아제한 정책을 시행한 바 있습니다. 그런데 그 정책들이 너무 지나치게 성공적이었던 걸까요? 오로지 그러한 정책의 효과라고만 보기는 어렵겠습니다만 오늘날 우리나라는 인구증가 대신 인구감소 문제를 걱정하고 있습니다. 산아제한 정책을 쓴 지 겨우 한 세대 남짓 만에 저출산이라는 문제가 시대의 과제로 떠올랐고 각 지방자치단체마다 인구를 늘이기 위해 별별 기발한 아이디어를 다 내놓고 있는 실정입니다.

사실 인구에 대한 생각이 극적으로 변하기도 했던 것은 한국의 현대사에서만 볼 수 있었던 것은 아닙니다. 유럽에서도 소위 중상주의 시대라고 불리는 시대에는 인구가 많으면 많을수록 나라가 부강해진다는 생각을 널리 했었다고 합니다. 즉 풍부한 노동력을 바탕으로 많은 생산품을 만들어 다른 나라에 팔고 그 대가로 받은 금은을 많이 축적해야 부자나라가 된다는 것이지요. 물론 당시의 권력관계를 감안한다면 나라에 금은이 쌓여서 부자나라가 된다고 할 때 그 나라가 적어도 일반 국민의 생활수준을 중심에 두는 나라는 아니었을 것입니다. 신대륙 등으로부터 실어간 막대한 금과 은을 누구 가졌을지 생각해 보십시오.

그러다가 18세기 후반쯤부터 유럽에서는 인구 증가를 환영하지 않는 쪽으로 분위기가 바뀌게 됩니다. 그런 분위기를 가장 잘 보여주는 사례가 바로 멜서스T. Malthus, 1766~1834의 〈인구론〉일 것입니다. 우리가 보통 〈인구론〉이라고 부르는 책은 원래 〈An Essay on the Principle of Population, as it affects the future improvement of society with remarks on the speculations of Mr. Godwin, M. Condorcet, and other writers〉라는 대단히 긴 제목을 달고 있었습니다(옛날에는 오늘날처럼 책제목을 간결하게 붙이는 대신, 제목만으로도 그 책 내용을 파악할 수 있도록 기다란 제목을 흔히 붙였습니다). 그 초판이 나온 시기는 1798년이었는데 1798년이면 프랑스대혁명(1789)이 일어난 지 채 10년도 되지 않은 때입니다. 그러므로 멜서스의 책이 지니는 시대적 의미는 프랑스대혁명의 영향권 속에서 이해할 수 있겠습니다. 어쨌든 19세기가 막 시작되는 시기에 등장한 이 책은 상당한 주목을 받았고 그 이후 멜서스는 죽을 때까지 그 책을(제목도 좀 바꿔서) 30여년에 걸쳐 여러 번 고쳐서 거듭 펴내게 됩니다.

19세기가 시작될 즈음 멜서스의 책이 나와 큰 화제가 되었던 데에는 사회적인 배경조건이 중요한 역할을 하였습니다. 거칠게 말해서 18세기는 사회가 계속 진보할 것이라는 생각이 널리 받아들여졌던 시기였고 책 제목에 나오는 고드윈과 콩도르세 역시 그러한 견해를 가진 사람들이었습니다. 멜서스가 우려했던 것은 급속하게 증가하는 인구가 진보에 대한 낙관적인 전망을 가로막는 요인으로 작용할 것이라는 것이었습니다. "억제하지 않으면 인구는 기하급수적으로 증가하고 그 인구를 부양할 수단은 단지 산술급수적으로 늘어날 것, *Population, when unchecked, increases in a geometrical ratio. Subsistence increases only in an arithmetical ratio*"이라는 그의 경고는 금방 유명해졌습니다. 맬서스의 의도가 무엇이었든 19세기 초 영국은 유럽에서 가장 먼저 산업화 과정을 거치고 있었고 그에 따른 경제적, 사회적 변화로 인해 인구 구성도 크게 바뀌고 있었습니다. 특히 농촌을 떠나 도시로 와서 하층 노동자나 빈민이 된 사람들이 매우 많았습니다. 즉 당시 사람들이 가진 과잉인구에 대한 우려는 도시의 밑바닥 계급을 형성한 사람들에 대한 공포감의 표현이기도 했던 것입니다.

물론 맬서스의 생각이 19세기 사람들이 인구에 대해 가졌던 생각의 전부는 아니었습니다. 19세기 중반 이후 맬서스와 다른 입장을 가진 사람들도 나왔는데 그중에서도 마르크스가 대표적입니다. 그는 실업자를 낳는 과잉인구가 자연적인 현상이 아니라 저임금을 유지하려는 자본주의 경제체제의 산물이라고 주장하며 사회주의 사회에서는 멜서스가 우려한 인구문제가 생기지 않을 것이라고 주장하였습니다. 그 이후 멜서스의 생각은 보다 적극적인 산아제한 방법을 옹호한 신멜서스주의로 변형되기도 하였고 빈민 구제 정책을 펴는 데 장애로 작용하기도 하는 한편, 식량 부족에 대한 그의 경고는 자원 부족이나 환경 위기를 경고하는 데에 적용되어 지금도 살아남아 있습니다. 또한 사회주의 국가인 중국이 마르크스의 주장과 달리 세계 어느 나라보다 강력한 인구성장 억제정책을 시행하기도 하는 등, 인구에 대한 여러 생각과 정책은 시기와 장소에 따라 다양한 모습으로 변주되어 나타난 바 있습니다.[1]

이 장에서 우리는 인구의 크기, 구조, 분포, 변동 등을 공부합니다. 인구를 흔히 정태인구, 동태인구로 나누어서 살피기도 하는데 말 그대로 정태인구는 일정한 시점에서의 인구를 말합니다. 정태인구 통계를 작성하는 대표적인 조사가 바로 센서스, 우리나라의 경우 〈인구주택총조사〉라고 부르는 조사입니다. 우리나라에서는 5년마다(끝자리가 0과 5인 해에) 많은 조사원을 동원하여 인구주택총조사를 실시하고 있습니다. 지난 2005년 조사 때 조사비용은 1,460억 원이 들었고, 조사인력은 11만 명이 동원되었습니다. 당시 조사결과를 종합적으로 살펴보려면 아래의 참고문헌을 보기 바랍니다.[2]

인구주택총조사에서는 일부 표본조사도 합니다만 기본적으로는 모든 가구를 방문하여 조사합니다. 그런데 방문조사를 통해 인구주택총조사를 하다보면 응답거부를 비롯한 여러 가지 어려움이 생기기 때문에 통계청에서는 앞으로 주민등록을 이용한 등록 센서스 방법을 확대할 계획을 갖고 있다고 합니다. 센서스가 실시된 해를

1 한주성, 〈인구지리학〉, 한울아카데미, 2007, 47~55쪽.

2 통계개발원, 〈한국의 인구 · 주택-인구주택총조사 종합보고서〉, 2008.

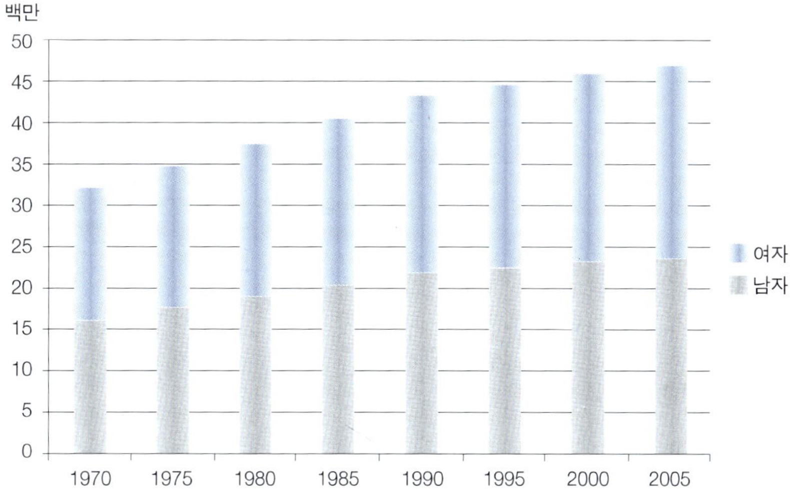

(출처 : 통계청)

〈그림 2-1〉 인구주택총조사 결과 한국의 성별 인구

기준으로 지난 몇 십 년 동안 우리나라의 총인구가 어떻게 변했는지 〈그림 2-1〉에서 잘 볼 수 있습니다. 그동안 인구가 계속 늘기는 했습니다만 그 증가 속도는 갈수록 둔화되는 모습입니다.

그런데 이러한 그림에서 볼 수 있는 연도별 인구가 얼마나 정확한 것일까요? 말할 필요도 없이 인구는 시시각각 변합니다. 매 순간마다 사람이 태어나고, 살면서 사는 곳을 옮기고, 그러다 세상을 떠납니다. 대전에 있는 통계청에 가면 통계전시관이라는 곳이 있는데 그 입구에는 현재 우리나라 인구를 나타내는 인구시계가 걸려있습니다. 잠시 동안에도 계속 인구시계의 숫자가 바뀌고 있는 모습이 흥미롭습니다(사람을 숫자로 파악하는 것에 대한 회의도 다시 느끼게 되고요). 그런데 마치 실시간으로 인구변화를 중계해주는 듯 보이는 그 숫자들은 정확할까요? 그렇지 않습니다. 한 시점 대신 일정한 기간 동안에 일어나는 인구의 변화(출생, 사망, 이주, 혼인, 이혼)를 살피는 통계를 동태통계라고 부릅니다. 동태통계는 주로 출생신고, 사망신고, 혼인신고와 같은 신고통계로부터 만들게 됩니다. 따라서 어떤 이유에서든 그러한 변동을 당사자가 신고하지 않으면 인구 변화가 통계에 반영되지 않습니다. 결국 완벽하게 정확한 인구통계는 아무도 모릅니다. 이점을 염두에 두고 출생, 사망, 혼인, 이주 등 인구변화를 재는 대표적인 측도들을 공부해 봅시다.

2. 출생과 사망

출생과 사망은 인구 변화의 중요한 요인입니다. 이주라는 요인이 없다면 인구는 이 두 가지 요인에 따라 정해지는데 인류 역사를 보면 오랫동안 출산율과 사망률이 모두 높았다가 근대에 접어들면서 사망률이 낮아진 시기보다 출산율이 낮아지는 시기가 늦었던 탓에 유럽 등지에서 인구가 크게 늘어났다고 합니다. 먼저 몇 가지 출생률과 출산율을 공부합니다.

1 조출생률, 조사망률

어느 사회집단에서 새로 태어나는 신생아의 수를 나타내는 지표 가운데 가장 흔히 쓰이는 것은 조출생률(粗出生率, crude birth rate, CBR)일 것입니다. 여기서 출생률 앞에 '거칠다'는 뜻의 '조'라는 접두어가 붙은 이유는 이 지표가 출생이라는 현상을 말 그대로 다소 거칠게 계산하기 때문입니다. 식을 보면 왜 거칠다고 하는지 알 수 있습니다.

$$\text{조출생률(CBR)} = \frac{\text{총 출생 수}}{\text{연앙인구}} \times 1{,}000$$

이때 분자에 있는 출생한 아이의 전체 수는 정확히 말해서 '살아서 태어난 아이'만 헤아립니다. 낙태나 사산 등의 경우는 여기에 포함되지 않는다는 것이지요. 또, 분모에 있는 '연앙인구(年央人口, mid-year population)'란 일 년의 가운데 시점에서의 인구라는 뜻입니다. 일 년은 열두 달로 되어있기 때문에 그 가운데 시점이란 통상 7월 1일을 말합니다. 그렇다면 매년 7월 1일에 인구조사를 해서 연앙인구를 구할까요? 그렇지 않습니다. 우리나라의 경우 인구조사의 기준시점은 11월 1일 0시입니다. 그리고 그나마도 매년 조사하는 것이 아니고 5년마다 조사를 합니다. 결국 매년의 연앙인구란 인구조사 결과로 얻는 값이 아니고 여러 해에 한 번씩 하는 인구조사 결과와 주민등록 인구의 변화 등을 가지고 어림해서 얻은 값입니다.

그리고 식을 보면 분자를 분모로 나눈 것에 1,000을 곱하고 있지요? 즉 조출생률이란 연앙인구 1천 명당 새로 태어난 아이의 수가 얼마인가를 나타내는 지표입니다. 이처럼 1,000을 기준으로 구한 상대적인 값을 '천분율'이라고 부릅니다. 알다시피 백분율은 '퍼센트'라고 부르고 %라는 기호로 나타내는 반면, 천분율은 '퍼밀permillage, per mill'이라고 부르고 기호로는 동그라미를 아래쪽에 하나 더 붙여서 ‰라고 씁니다. 흔히 천년을 밀레니엄millennium이라고 부르는 데서 알 수 있듯 mill이라는 것이 1,000을 나타내므로 퍼밀은 말 그대로 '천을 기준으로 했을 때'라는 뜻이겠습니다. 굳이 잘 알고 있는 백분율을 두고 천분율을 따로 계산하는 이유는 백분율로 출생률이나 사망률 등을 구하면 그 숫자가 너무 작아지기 때문이라고 보면 되겠습니다.

사망 통계에서 쓰이는 사망률 척도는 출생 통계의 경우보다는 단순한 편인데 그 중 가장 많이 쓰이는 것은 조사망률(crude death rate, CDR)로서 역시 연앙인구 천 명당 사망자 수를 나타냅니다.

$$\text{조사망률(CDR)} = \frac{\text{총 사망자 수}}{\text{연앙인구}} \times 1{,}000$$

인구는 일단 출생과 사망이라는 두 가지 원인에 따라 결정될 텐데 이때 조출생률과 조사망률의 차이를 인구의 자연증가율(rate of natural increase)이라고 부릅니다.

$$\text{인구의 자연증가율} = \text{조출생률} - \text{조사망률}$$

지역이나 나라의 인구는 자연증가율 이외에 이주라는 요인에 따라 변하지만 세계 전체의 인구는 자연증가율에 따라 결정됩니다.

이 경우에는 자연증가율이 곧 바로 인구증가율이 되는 것이지요. 나중에 세계 인구에 대해 조금 더 살펴보겠습니다만 '세계 인구폭발'에 대한 경고가 지난 1970년대에 널리 유행했던 적이 있었는데 그 당시 인구학자들은 세계 인구의 자연증가율을 2% 정도로 잡았을 때 2005년 세계 인구는 74억이 되고 2040년에는 148억이 될 것이라고 예측했었습니다. 하지만 그 이후 인구증가율이 점차 낮아진 결과 2005년 세계 인구는 인구폭발을 우려했던 사람들이 예상한 것보다는 10억 정도가 적었습니다. UN이 2009년에 발표한 통계에 따르면 2007년 세계의 인구성장률은 몇 십 년 전 예상치보다 상당히 낮은 1.2% 정도라고 합니다.[3]

대부분의 인구학 교과서에 실려 있는 인구변천이론 모형에 따르면 인류 역사 가운데 상당히 오랜 기간 동안 조출생률과 조사망률이 모두 높은 상태에 머물렀다고 합니다. 그러다가 영양상태가 개선되고 의학이 점차 발달하면서 조사망률이 낮아지게 되었는데 조출생률은 그대로 높은 수준을 유지했기 때문에 인구가 크게 늘게 되었다고 합니다. 즉 자연증가율이 높아져서 인구가 증가했다는 것이지요. 그 후 여러 이유로 조출생률 역시 낮아지면서 인구증가 추세가 수그러들었다고 합니다. 물론 이러한 인구변천모형은 유럽의 역사를 기준으로 만든 것이기 때문에 모든 나라의 인구변천에 그대로 적용하기는 어렵습니다. 예컨대 아프리카 몇몇 나라의 경

3 UN, 〈UN Demographic Yearbook 2007〉, 2009, 43~49쪽.

우 사망률은 감소하였지만 최근까지도 출생률은 떨어지지 않아 인구가 급속히 늘어나는 사례도 있고 러시아처럼 소련이 해체되기 전부터 유별나게 높은 사망률에 낮은 출산율이 더해져 인구가 감소하는 독특한 경우도 있습니다.

독자들은 최근 우리나라의 조출생률과 조사망률이 어떻게 변화해왔는지 자료를 찾아 살펴보고 미래 인구에 대한 통계청의 예상치들도 찾아보기 바랍니다. 통계청에서는 머지않아 우리나라의 자연증가율이 마이너스가 될 것으로, 즉 사망률보다 출생률이 낮아져서 인구가 감소하기 시작할 것으로 예상하고 있습니다.

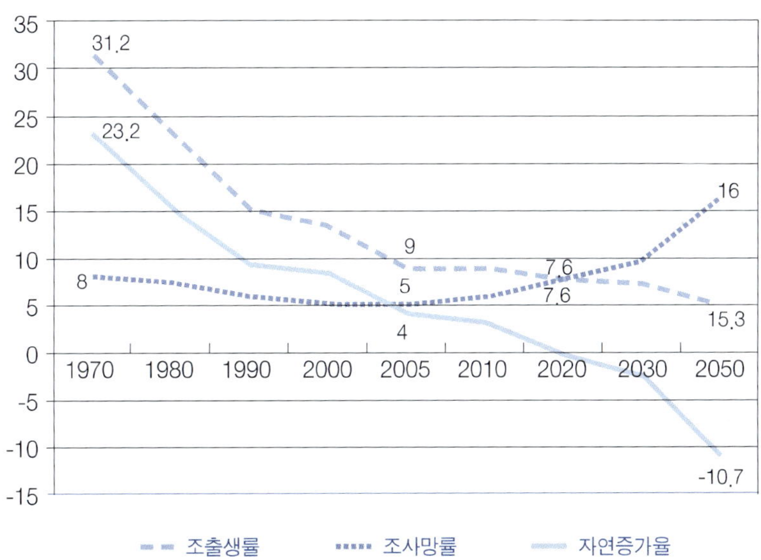

(출처 : 통계청)

〈그림 2-2〉 우리나라의 장래인구추계

한편, 조출생률의 계산식을 보면 무척 계산하기 편리해 보입니다. 그런데 왜 이 간단하고 쉬운 지표를 '거친crude' 출생률이라고 부를까요? 그 이유는 분모 때문입니다. 사실 연앙인구에는 갓난쟁이부터 100살이 넘은 노인까지, 그리고 여자, 남자 할 것 없이 모두가 다 포함되어 있습니다. 그런데 아기를 낳는 사람은 여성들이므로 연앙인구를 기준으로 해서 얻은 출생률은 그 사회가 아이를 얼마나 낳는지를 세밀하게 나타내는 데 부족하다는 말이겠습니다. 가령 연안인구가 각각 100만인 A, B 두 지역이 있는데 A 지역에는 남성이 많고 B 지역에는 여성이 많다고 합시다. 그리고 두 지역의 신생아 수는 모두 1만 명이라고 해봅시다. 조출생률을 계산하면 두 지역 모두 인구 천 명당 10명이 태어나는 꼴이므로 출생률값은 10으로 같아집니다. 하지만 여성들이 아기를 낳는 경향은 여성이 적은데도 같은 출산 수를 보인 A 지역이 더 높습니다. 조출생률은 이처럼 인구 구성이 다른 사회의 출생 정도가 어떻게 다른지 그 차이를 보여주지 못한다는 것이지요.

그런 이유 때문에 연앙인구 대신 여성인구를 분모로 한 다른 지표들이 쓰이는데 이때에는 지표의 이름을 출생률birth rate이라고 부르지 않고 출산율fertility rate이라고 부릅니다. 물론 계산식을 보면 분자에는 모두 새로 태어난 아이의 수가 들어가기 때문에 본질적으로 그 둘이 다른 것은 아닙니다.

2 여러 가지 출산율과 사망률

여성들의 수를 기준으로 출산율을 이야기하려면 먼저 여성의 '가임연령', 즉 아이를 가질 수 있는 연령을 알아야합니다. 인구학에서는 보통 가임여성을 15세부터 49세 사이로 봅니다. 물론 이때의 나이는 모두 만나이입니다. 일반출산율general fertility rate, GFR이란 해당 연도의 신생아수를 그 해 가임연령 여성의 연앙인구로 나누어서 구하는데 여기서도 역시 천분율로 구합니다. 즉 가임여성 1천 명당 아이가 얼마나 태어나는가를 나타내는 것이지요.

$$\text{일반출산율(GFR)} = \frac{\text{총 출산 수}}{\text{15~49세 여성 연앙인구}} \times 1{,}000$$

일반출산율이 가임여성 전체를 분모에 두고 구한 출산율인 반면 연령별특수출산율age specific fertility rate, ASFR은 가임 여성을 연령별로 세분하여 구한 출산율입니다. 이름에 '특수'라는 말이 붙어있어서 무슨 특별한 출산율처럼 보입니다만 여기서 '특수'란 별다르다는 것이 아니고 가임 연령 여성을 연령별로1세 단위 또는 5세 단위 구분한 다음 각 연령별로 '따로따로' 출산율을 구한다는 뜻입니다. 물론 이 경우에도 1,000을 곱하여 천분율로 계산합니다.

$$\text{연령별특수출산율(ASFR)} = \frac{\text{특정 연령대 여성의 총 출산 수}}{\text{특정 연령대 여성의 연앙인구}} \times 1{,}000$$

예컨대 20-24세의 여성인구가 30만 명인데 그 여성들이 낳은 신생아 수는 5천명이라면 20~24세 연령의 특수출산율은 $\frac{5{,}000}{300{,}000} \times 1{,}000 = 16.7$이 됩니다.

다음으로 공부할 합계출산율은 조출생률과 함께 언론 보도 등에서 자주 만날 수 있는 값인데 이 출산율을 구하려면 연령별특수출산율을 먼저 계산해야합니다. 가임여성의 연령대별로 따로 출산율을 계산한 것이 연령별특수출산율이고, 합계출산율은 연령별특수출산율 모든 연령대에 대해 더한 것이라고 보면 되겠습니다. 계산식은 아래와 같습니다.

$$\text{합계출산율(TFR)} = \sum_{\text{모든 연령대}} \left(\frac{\text{ASFR}}{1{,}000} \times \text{연령대의 폭} \right)$$

계산식이 조금 복잡해 보이지요? 간단한 예를 가지고 계산연습을 한번 해볼까요?

〈표 2-1〉 합계출산율 계산 연습

여성연령집단	여성인구	출생아수	ASFR(천명당)
15–19	6,000,000	500,000	83.3
20–24	5,500,000	1,500,000	272.7
25–29	5,300,000	1,900,000	358.5
30–34	5,800,000	800,000	137.9
35–39	6,100,000	400,000	65.6
40–44	5,700,000	60,000	10.5
45–49	5,600,000	3,000	0.5

합계 = 929.1

합계출산율 = $\frac{929.1}{1,000} \times 5 = 4.646$

여기서 ASFR, 즉 연령대별 특수출산율은 15~19세 연령집단을 예로 들어볼 때 $\frac{500,000}{6,000,000} \times 1,000 = 83.3$과 같이 구한 것입니다. 합계출산율이 중요한 이유는 이 지표가 "그 시점에서의 출산 경향이 그대로 유지된다고 할 때 여성 한 사람이 평생 낳는 아이의 수"를 나타내기 때문입니다. 물론 어느 한 시점에서의 연령별 특수출산율이 여성의 평생 동안 그대로 유지된다고 가정할 때 그렇다는 말입니다.

아이는 여성과 남성 두 사람이 있어야 생기므로 합계출산율이 적어도 2가 되어야 그 사회의 인구는 증감 없이 현상을 그대로 유지할 수 있다는 의미에서 2보다 조금 큰 2.1을 보통 대체출산수준 replacement level fertility이라고 부릅니다. 〈그림 2-3〉은 1970년부터 2007년까지 우리나라의 출생아수와 합계출산율을 그린 것입니다. 우리나라의 합계출산율은 그동안 지속적으로 급격히 감소하여 최근에는 대체출산수준을 크게 밑돌고 있습니다. 최근 우리나라의 합계출산율은 다른 나라의 합계출산율과 비교해볼 때 매우 낮은 수준으로서 그만큼 우리 사회가 아이를 낳아 기르기 어려운 사회가 되었다는 말이겠습니다.

〈그림 2-3〉에서 알 수 있듯 1970년대 초만 하더라도 우리나라에서 1년 동안 태어난 아이의 수는 100만 명을 넘나드는 수준이

(출처 : 통계청)

〈그림 2-3〉 우리나라의 출생아 수와 합계출산율

었습니다만 90년대 초에는 70만 명대로, 이어서 2000년대 초에는 50만 대로 떨어지더니 2005년에는 43만 8천명 수준으로까지 떨어졌습니다. 조출생률은 1970년대 초 31명 수준이던 것이 2005년에는 8.9명 수준으로까지 낮아졌습니다. 합계출산율 역시 1970년대 초에는 4.5명을 넘는 수준이었습니다만 이후 빠른 속도로 하락하기 시작하여 1983년에는 대체수준 이하인 2.03명을 기록하였고 2005년에는 1.076명으로까지 하락하였습니다. 즉 여성 한 사람이 평생 한 명 정도밖에 아기를 낳지 않게 되었다는 말이겠습니다. 물론 외국인의 국내이주 등 다른 변수가 있기는 합니다만 출산율 하락으로 인해 우리나라의 총인구는 2018년까지는 4,934만 명 정도까지 증가한 다음 이후 지속적으로 감소하여 2050년에는 4,234만 명 정도가 될 것이라고 합니다. 미래 인구의 예측값은 계속 갱신되기 때문에 최근의 예측값을 보려면 통계청 홈페이지를 찾아가서 확인하기 바랍니다.

이러한 지표 외에도 통계청의 국가통계포털에서는 시군구 지역별 출생 통계라든가 부모의 연령, 교육정도, 동거기간에 따른 출생 통계, 그리고 출산순위, 출생 장소, 임신기간, 법적혼인상태에 따른 출생 통계 등 다양한 통계를 제공하고 있습니다. 예컨대 2007년에 출산한 여성의 평균연령은 30.6세인데 그 연령은 해마다 계속 높아지는 추세를 보이고 있습니다. 높은 출산 연령은 출산율을 낮추는 요인 중 하나일 것입니다.

한편 조사망률 말고도 여러 가지 사망률들이 있습니다. 연령별특수사망률age specific death rate, ASDR은 연령별특수출산율ASFR과 마찬가지로 특정 연령대별로 계산한 사망률입니다.

$$연령별특수사망률(ASDR) = \frac{특정\ 연령대의\ 사망자수}{특정\ 연령대의\ 연앙인구} \times 1,000$$

한편 국가별(지역별)로 인구구조가 서로 다른 경우, 조사망률은 그 나라(지역)의 사망정도를 제대로 나타내지 못합니다. 예컨대 UN의 인구자료를 가지고 1992년 스웨덴 여성과 같은 해 카자흐스탄 여성의 조사망률을 계산한 결과가 다음과 같습니다.[4]

	연앙인구	사망자 수	조사망률
스웨덴	4,385,469	46,256	10.55
카자흐스탄	8,698,860	64,572	7.42

스웨덴 여성들보다 카자흐스탄 여성의 조사망률이 뚜렷이 낮습니다. 두 나라의 생활수준이나 위생, 의료 수준을 생각해보면 당연히 스웨덴의 사망률이 낮아야할 것 같은데 전혀 다른 결과가 나오니 뜻밖입니다. 두 나라 여성의 인구와 사망자 수를 좀더 세부

4 Preston, S., Heuveline, P. and Guillot, M. 〈Demography: Measuring and Modeling Population Process〉, Blackwell, 2001, 22~27쪽.

적으로 살펴보기 위해 연령대별로 사망률을 계산해 봅시다. 몇 개 연령대에 대해서만 표를 만들어보았습니다.

연령 집단	스웨덴				카자흐스탄			
	연앙인구	사망자수	사망률	인구비율	연앙인구	사망자수	사망률	인구비율
0	59,727	279	0.00467	0.0136	174,078	3,720	0.02137	0.0200
1-4	229,775	42	0.00018	0.0524	754,758	1,220	0.00162	0.0868
5-9	245,172	31	0.00013	0.0559	879,129	396	0.00045	0.1011
60-64	216,058	1,640	0.00759	0.0493	374,317	5,212	0.01392	0.0430
70-74	222,578	4,509	0.02026	0.0508	154,623	6,182	0.03998	0.0178
80-84	140,667	9,587	0.06815	0.0321	88,716	9,013	0.10159	0.0102

이 표에는 어린이와 노인을 중심으로 연령별 사망률이 나타나 있는데 표에 나타내지 않은 다른 모든 연령대에서도 스웨덴의 연령별 특수 사망률이 카자흐스탄의 사망률보다 낮습니다. 그런데 왜 조사망률은 그 반대로 나올까요? 문제는 인구의 구성이 다른 데서 생깁니다. 조사망률은 모든 연령대의 사망자 수를 다 합쳐서 계산하므로 그 사망자의 수명, 즉 그가 얼마나 살고 죽었는지는 헤아리지 못합니다. 조사망률CDR과 연령별특수사망률의 관계를 간단한 수식을 써서 잠깐 살펴볼까요? (식을 간단히 나타내기 위해, 1,000을 곱하는 것은 생략.)

$$\text{CDR} = \frac{\text{총 사망자수}}{\text{전체 연앙인구}}$$

$$= \frac{\sum_{\text{모든 연령대}} \text{연령대별 사망자수}}{\text{전체 연앙인구}}$$

$$= \frac{\sum_{\text{모든 연령대}} \left(\frac{\text{연령대별 사망자수}}{\text{연령대별 연앙인구}}\right) \times \text{연령대별 연앙인구}}{\text{전체 연앙인구}}$$

$$= \sum_{\text{모든 연령대}} \left(\frac{\text{연령대별 사망자수}}{\text{연령대별 연앙인구}}\right) \times \left(\frac{\text{연령대별 연앙인구}}{\text{전체 연앙인구}}\right)$$

$$= \sum_{\text{모든 연령대}} (\text{연령별 특수사망률}) \times (\text{연령대별 인구 비율})$$

따라서 전체 인구의 연령대별 인구 구성비가 서로 다르면 위와 같은 결과가 나올 수가 있습니다. 표에서 알 수 있듯이 카자흐스탄에서는 어린이 인구가 전체 인구에서 차지하는 비중이 큰 반면 스웨덴에서는 노인 인구의 비중이 큽니다.

이런 문제를 해결하는 방법에는 조사망률 대신 평균수명, 즉 출생 때의 기대수명을 비교하는 방법도 있고 표준화된 사망률을 계산하는 방법도 있습니다. 인구학을 연구하는 사람들이 사망률을 표준화시키는 여러 방법을 만들어두었습니다만 여기서는 간단하게 적절한 방법을 써서 각국의 인구 구성을 동일하게 만든 다음, 공통되는 연령대별 인구 비율에 각국의 연령별특수사망률을 곱해서 새로운 사망률을 계산한다고 생각하면 되겠습니다. 그렇게 계산된 사망률은 연령표준화조사망률age-standardized crude death rate, ASCDR이라는 긴 이름으로 불립니다.

$$\text{ASCDR} = \sum_{\text{모든 연령대}} (\text{연령별 특수사망률}) \times (\text{표준화된 연령대별 인구 비율})$$

예를 들어 표준화된 연령대별 인구 비율을 스웨덴과 카자흐스탄의 연령별 인구 비율을 평균한 값으로 정해서 새로 ASCDR을 계산해보면 스웨덴의 사망률은 7.37, 카자흐스탄의 사망률은 11.88이 됩니다. 그냥 조사망률10.55와 7.42과 비교해보면 그 차이를 잘 알 수 있고 왜 이처럼 자못 복잡해 보이는 사망률 식이 또 필요한지도 짐작할 수 있겠습니다.

3 성비

지금까지 살펴본 여러 가지 출생 지표 이외에 성비sex ratio에 대해서도 살펴봅시다. 물론 성비는 신생아에 대해서만 구하는 것이 아니고 어느 인구집단에 대해서든 계산할 수 있습니다. 출생률과 출산율이 모두 신생아 수가 많고 적은가를 나타내는 지표들이라면 신생아 성비는 새로 태어난 아이들의 성별 구성을 비로 나타낸 것

입니다. 계산식은

$$\text{신생아 성비} = \frac{\text{남자아이}}{\text{여자아이}} \times 100$$

입니다. 즉 이 지표는 여자아이 100명당 남자아이가 몇 명인가를 나타냅니다. 신생아 성비가 100이면 남, 녀의 수가 같은 것이고 그 비가 100보다 크면 남자 아이가 더 많이 태어난다는 뜻이겠습니다.

〈표 2-2〉는 1970년 이후 남북한 전체 인구의 성비 변화를 보여

〈표 2-2〉 남한과 북한의 성비

(단위 : 천 명)

	남한			북한			남북한		
	남	여	성비	남	여	성비	남	여	성비
1970	16,309	15,932	102.4	7,052	7,853	89.8	23,361	23,785	98.2
1975	17,766	17,515	101.4	7,964	8,682	91.7	25,730	26,197	98.2
1980	19,236	18,888	101.8	8,478	9,143	92.7	27,714	28,031	98.9
1985	20,576	20,230	101.7	9,248	9,849	93.9	29,824	30,079	99.2
1990	21,568	21,301	101.3	9,841	10,380	94.8	31,409	31,681	99.1
1995	22,705	22,388	101.4	10,519	11,024	95.4	33,224	33,412	99.4
2000	23,667	23,341	101.4	10,876	11,299	96.3	34,543	34,640	99.7
2005	24,191	23,947	101	11,282	11,646	96.9	35,473	35,593	99.7
2006	24,268	24,030	101	11,364	11,716	97	35,632	35,746	99.7
2007	24,344	24,112	101	11,429	11,771	97.1	35,773	35,883	99.7
2008	24,416	24,191	100.9	11,483	11,815	97.2	35,899	36,006	99.7

(출처 : 통계청 국가통계포털)

주는 표입니다. 남한과 북한의 성비를 비교해보면 남한의 성비는 항상 100보다 크고 북한의 성비는 100에 못 미치는 것을 알 수 있습니다(그래서 남남북녀(南男北女)라고 하는 건가요?). 그리고 남한의 성비는 시간이 갈수록 점차 낮아진 반면 북한의 성비는 점점 높아진 것을 볼 수 있습니다. 잘 비교해보고 이런 결과가 나온 정치적 혹은 사회적 원인에 대해서도 생각해보기 바랍니다.

그런데 우리가 언뜻 생각하면 출산에 어떤 인위적인 요소가 개입하지 않는다면 자연의 섭리에 따라 신생아 성비는 100이 되어야할 것 같지요? 그런데 그렇지 않습니다. 물론 시대와 지역을 막론하고 그 값이 들쑥날쑥하기는 했습니다만 거의 항상 신생아 성비는 100보다 조금 더 큰 값, 대략 105~107 내외의 값을 갖습니다. 즉 여자 아이 100명 당 남자아이가 5~7명 정도 더 많이 태어난다는 것입니다. 그런데 출산 때의 성비가 100보다 클 뿐 아니라 알고 보면 처음 수태 때의 성비는 그보다 훨씬 더 높아서 무려 120 정도나 된다고 합니다. 임신 기간 동안, 즉 수태 이후 출산 때까지 남자 태아의 사망률이 그만큼 높다는 말이므로 남성들은 아예 태아 때부터 여성보다 생존에 취약한 존재들이라 할 수 있겠습니다. 그러한 경향은 태어난 이후에도 계속되는데 모든 연령대에서 예외 없이 남성의 사망률이 여성 사망률보다 높습니다.

아마 오랜 진화의 산물일 이러한 신생아 성비를 보고 사람들은 매우 놀라워하면서 다양한 이유를 생각했었는데, 전쟁 등으로 남자들이 보다 많이 사망하는 것을 감안하여 조물주께서 미리 배려한 결과라고 주장하는 사람들도 적지 않았습니다. 18세기 초반에 활동했던 영국의 아버스넛John Arbuthnot, 1667~1735이나 독일의 쥐스밀히Johann Peter Süssmilch, 1707~1767같은 사람이 바로 신생아 성비에서 '신의 뜻'을 찾았던 대표적인 사람들인데 아버스넛은 영국 여왕의 주치의이기도 하였고 쥐스밀히는 독일에서는 지금도 멜서스보다 더 높이 평가받는 18세기의 인구통계학자입니다.[5]

그런데 문제는 그처럼 자연스러운 성비보다 더 높은 성비를 보이는 경우들이겠습니다. 통계청 홈페이지에 들어가서 우리나라의 신생아 성비 통계를 연도별로 비교해 보십시오. 그리고 전체 인구에서의 성비를 지역별로도 살펴보십시오. 또 세계 여러 나라의 경우도 비교해 보십시오. 아시아 지역, 특히 인구대국인 중국과 인도 등에서 상당히 높은 신생아성비를 볼 수 있습니다. 사실 모든 연령층에서, 그리고 세계 모든 곳에서 남성의 사망률이 여성보다 더 높기 때문에 전체 인구의 성비는 100보다 작기 마련입니다. 그런데 중국과 인도를 비롯한 여러 지역에서는 그와 반대되는 결과를 볼 수 있습니다. 그 나라들 덕분에 세계 전체의 성비 역시 101.5 2006, 101.7 2007 등으로 100을 넘고 있습니다.[6]

5 스티글러, 스티븐, 〈통계학의 역사〉, 조재근 옮김, 한길사, 2005, 438~441쪽; 비르크, 헤르비히, 〈사라져가는 세대 : 출산율 감소와 인구 고령화, 그리고 인구학이 말하는 우리의 미래〉, 조희진 옮김, 플래닛미디어, 2006.

6 UN, 〈Demographic Yearbook 2006〉, 2008; 〈Demographic Yearbook 2007〉, 2009.

노벨 경제학상을 받은 센Amartya Kumar Sen, 1933~은 일찍이 이러한 아시아 지역에서 1억 명의 여성들이 사라졌다고 주장한 바 있는데, 그는 선택적인 낙태라든가 여자 아이를 돌보지 않아 일부러 죽게 만드는 경향, 그리고 매매춘 사업처럼 국제적인 여성수출 등을 그 이유로 들기도 하였습니다.[7] 여기서 보듯 성비는 어떤 사회에서 여성이 겪는 고난을 잘 드러내주는 지표이기도 하다는 것입니다. 성비와 여러 가지 사회적 불평등의 관계에 대해 더 살펴보려면 아래 각주에 소개한 책을 보시기 바랍니다.[8] 그 책에 실린 통계들이 최신 통계가 아니라는 한계는 있습니다만 여러 가지 그림을 써서 각종 통계들을 잘 보여주고 있는 책입니다.

4 영아사망률과 사망 원인 통계

한편 사망통계에서는 사망자 수뿐만 아니라 사망원인통계도 중요하게 다루고 있습니다. 주민들이 어떤 원인으로 사망하는지 파악하는 것은 국가나 지방자치단체가 보건정책을 수립할 때 꼭 필요하기 때문이지요.

먼저 통계청에서 2009년에 발표한 우리나라의 사망원인통계 자

7 Sen, A., "More Than 100 Million Women Are Missing", 〈New York Review of Books〉, 37권, 20호, 1990.

8 셔트클리프, 밥, 〈불평등한 세계를 바라보는 123가지 방법〉, 박길성, 윤상우 옮김, 문화디자인, 2003, 79~99쪽.

료입니다. 조출생률이나 조사망률은 인구 천 명을 기준으로 구하지만 사망원인통계에서는 기준 인구를 보통 십만 명으로 둡니다. 각 사망원인에 해당하는 사망자 수가 그리 많지 않기 때문에 천 명을 기준으로 삼는다면 숫자들이 너무 작아지기 때문이지요.

$$\text{사망원인별 사망률} = \frac{\text{특정 사망원인에 의한 사망자수}}{\text{주민등록 연앙인구}} \times 100,000$$

〈표 2-3〉 사망원인통계(인구 10만 명당 사망자수)

	1998	2000	2002	2004	2006	2007	2008
전체	519.2	517.9	509.7	503.7	495.6	498.4	498.2
신생물	110.1	123.5	131.3	134.2	135.8	139.1	141.4
– 각종 암	108.6	121.4	130.1	132.6	134.0	137.5	139.5
* 위암	23.8	24.2	24.4	23.1	21.9	21.5	20.9
* 간암	19.9	21.1	22.9	22.4	22.3	22.7	22.9
* 폐암	20.5	24.3	26.1	27.3	28.7	29.1	29.9
내분비 및 대사성질환	23.2	24.8	26.7	25.5	25.0	24.3	22.4
– 당뇨병	21.0	22.6	25.1	24.2	23.7	22.9	20.7
순환기계통의 질환	123.0	122.7	127.4	119.9	114.7	117.2	112.3
– 고혈압성 질환	8.4	8.9	10.6	10.4	9.4	11.0	9.6
– 심장 질환	38.4	38.2	36.9	36.7	41.1	43.7	43.4
– 뇌혈관 질환	73.6	73.1	77.0	70.1	61.3	59.6	56.5
호흡기계통의 질환	26.7	33.8	34.4	29.2	29.1	30.3	32.4
– 폐렴	6.5	8.1	5.6	7.1	9.3	9.3	11.1
– 만성하기도 질환	12.7	16.7	22.6	17.3	14.4	15.3	14.9
소화기계통의 질환	33.7	31.2	29.2	24.9	21.8	21.9	21.8
– 간 질환	24.6	22.8	21.9	19.0	15.5	14.9	14.5
사망의 외부요인	68.7	60.6	59.8	62.9	60.4	61.3	61.7
– 운수사고	25.6	25.3	19.1	17.1	15.9	15.5	14.7
– 자살	18.4	13.5	17.9	23.7	21.8	24.8	26.0

(출처 : 통계청, 〈2008년 사망원인통계〉, 2009)

〈표 2-3〉을 통해 10년간의 변화를 살펴보면 각종 암으로 대표되는 '신생물'(이 용어가 참 낯설지요? 'neoplasia'라는 더욱 낯선 용어를 번역한 것이라는군요.)로 인한 사망자가 꾸준히 늘어난 반면 소화기 계통의 질환으로 사망한 사람들은 줄어든 것을 알 수 있습니다. 자살자 수는 거의 일관되게 증가하였고요.

〈표 2-3〉처럼 사망률만 나타내면 연도별 사망원인의 변화를 보

〈표 2-4〉 사망원인 순위

(단위 : 인구 10만 명당, 명, %)

순위	1998		2007		2008			
	사망원인	사망률	사망원인	사망률	사망원인	사망자수	구성비	사망률
1	악성신생물(암)	108.6	악성신생물(암)	137.5	악성신생물(암)	68,912	28.0	139.5
2	뇌혈관 질환	73.6	뇌혈관 질환	59.6	뇌혈관 질환	27,932	11.3	56.5
3	심장 질환	38.4	심장 질환	43.7	심장 질환	21,429	8.7	43.4
4	운수사고	25.6	고의적 자해(자살)	24.8	고의적 자해(자살)	12,858	5.2	26.0
5	간질환	24.6	당뇨병	22.9	당뇨병	10,234	4.2	20.7
6	당뇨병	21.0	운수사고	15.5	만성하기도 질환	7,338	3.0	14.9
7	고의적 자해(자살)	18.4	만성하기도 질환	15.3	운수사고	7,287	3.0	14.7
8	만성하기도 질환	12.7	간 질환	14.9	간 질환	7,164	2.9	14.5
9	고혈압성 질환	8.4	고혈압성 질환	11.0	폐렴	5,461	2.2	11.1
10	호흡기결핵	7.1	폐렴	9.3	고혈압성 질환	4,724	1.9	9.6

(출처 : 통계청, 〈2008년 사망원인통계〉, 2009)

기 불편합니다. 〈표 2-4〉와 같이 사망원인의 순위를 매겨보면 비교하기 쉽습니다. 1998년과 2007, 2008년 우리나라의 사망원인 순위를 보면 1, 2, 3위는 변화가 없습니다만 자살의 순위가 계속 상승한 것이 주목할 만합니다.

다음으로 우리나라의 사망원인 통계를 다른 나라의 통계와 비교해보기 위해 보건복지가족부가 2009년에 내놓은 자료를 살펴봅시다. 이 자료는 OECD에서 2009년에 내놓은 〈OECD Health Data 2009〉라는 자료를 바탕으로 한 것인데 각국의 통계는 대략 2005년에서 2007년 사이의 것들입니다.

〈표 2-5〉 OECD 국가와 비교한 한국의 주요 사망통계

구분	OECD	한국	최대		최소	
1. 평균수명(세)	79.0	79.4	82.6	일본	71.8	터키
2. 영아사망률 (출생 천명당 사망수, 명)	4.9	4.1	20.7	터키	2.0	아이슬란드
3. 암에 의한 사망률 (인구 십만명당, 명)	162.0	153.5	219.8	헝가리	94.4	멕시코
4. 뇌혈관질환에 의한 사망률 (인구 십만명당, 명)	49.4	77.0	103.9	헝가리	27.4	스위스
5. 허혈성심질환에 의한 사망률 (인구 십만명당, 명)	94.3	35.9	255.6	슬로바키아	27.8	일본
6. 호흡기질환에 의한 사망률 (인구 십만명당, 명)	44.6	38.5	69.7	영국	24.9	핀란드
7. 자살에 의한 사망률 (인구 십만명당, 명)	11.2	21.5	21.5	한국	2.5	그리스

(출처 : 보건복지가족부 보도자료, 2009.7.)

〈표 2-5〉에서 맨 먼저 나오는 것은 각국의 보건위생 수준을 비교하는 척도로 널리 이용되는 영아사망률infant mortality rate, IMR입니다. 여기서 '영아'란 태어나서 돌이 되기 전까지의 아기를 말하며 영아사망률은 새로 태어난 아이 1,000명 가운데 만 1세를 넘기지 못하고 사망하는 아이의 수를 말합니다.

$$영아사망률(IMR) = \frac{만\ 1세\ 이전\ 사망\ 수}{총\ 출생\ 수} \times 1{,}000$$

겨우 몇 백 년 전만 하더라도 전 세계적으로 영아사망률은 지금으로서는 상상하기 어려울 정도로 높았습니다. 예컨대 잉글랜드의 경우 14세기의 영아사망률은 218이었는데 19세기 초에는 크게 떨어지기는 하였습니다만 여전히 144였습니다. 즉 열 명중 한둘은 돌이 되기 전에 사망했던 것입니다.[9] 〈표 2-5〉에 따르면 최근 우리나라의 영아사망률은 OECD평균보다 낮습니다만 뇌혈관질환에 의한 사망률은 상당히 높은 편입니다.

여기서 잠깐 이 표에 나타난 우리나라의 사망원인별 사망자 통계와 앞서 우리가 살펴본 통계청의 사망원인 통계를 비교해 보십시오. OECD 자료에 실린 우리나라의 통계는 2006년의 것이므로 같은 해에 해당하는 통계청 자료와 비교하면 되겠습니다. 두 표의

9 Maddison, A., 〈The World Economy〉, OECD, 2006, 31쪽.

분류 범주가 서로 완전히 같지는 않으니 공통되는 곳들만 비교해 보면 되겠는데 뜻밖에도 양쪽 통계가 서로 매우 다릅니다. 우리나라에서 암으로 사망하는 사람의 수가 OECD 자료에는 인구 십만 명당 153.5명인데 통계청 자료에서는 135.8명이라고 되어있고, 호흡기 질환으로 사망한 사람 수도 38.5명과 29.1명으로 상당히 차이가 많이 납니다. 왜 이런 일이 생겼을까요? 통계청에서 내수용 통계와 수출용 통계를 따로 만든 걸까요?

이유는 우리가 앞에서 조사망률을 공부할 때 살펴보았던 '표준화사망률' 때문입니다. 통계청은 우리나라 전체 인구를 대상으로 통계를 만들어 발표했겠지요. 그런데 여러 나라의 사망률을 서로 비교하려면 각국의 인구구조를 표준화시킬 필요가 있습니다. OECD자료는 "국가 간 또는 시계열에 의하여 생기는 연령구조의 차이에 따른 효과를 제거하고, OECD 인구 구조를 표준화하여 산출한 연령표준화사망률Age-standardized death rate"[10]에 따른 것입니다. 인구구조가 바뀌었기 때문에 OECD 통계는 우리나라 인구구조를 기준으로 만든 통계청의 통계와 달라졌습니다.

사망원인 가운데 특히 우리나라에서 자살로 인해 사망한 사람의 수가 인구 십만 명당 21.5명으로서 OECD 국가들 가운데 가장 높으며 자살 사망률이 가장 낮은 그리스의 자살 사망률과 비교했을 때 그 값이 거의 아홉 배에 이르는 것은 주목할 만합니다.

10 보건복지가족부, 〈OECD Health Data 2009 주요지표 분석 결과〉, 2009, 2쪽.

이와 관련하여 통계청에서 하는 일을 한 가지 소개하겠습니다. 우리는 통계청이 각종 통계를 생산하고 그 결과를 서비스하는 곳이라고 생각합니다. 그런데 알고 보면 통계청에서는 각종 표준을 마련하는 일도 하고 있습니다. 통계청에서는 통계정책국 안에 통계기준팀을 두고 한국표준산업분류, 한국표준무역분류, 한국표준직업분류, 그리고 한국표준질병사인분류 등을 만들고 고치는 일도 하고 있습니다. 우리나라에서는 국제보건기구WHO의 국제질병분류IDC, International Disease Classification를 바탕으로 우리나라 실정에 맞는 한국질병분류KDC를 만들어 사용하고 있습니다. 사실 분류라는 것이 쉽지 않다는 것을 잘 말해주는 사례로 자살통계를 들 수 있습니다. 죽은 사람은 아무 말이 없으므로, 자살한 사람이 뚜렷이 유서를 남긴 경우라면 모르겠지만 그렇지 않은 경우도 많기 때문에 조사기관마다 자살자의 수를 서로 다르게 발표하게 됩니다. 아래 인용문은 이를 지적한 뉴스 보도 중 일부입니다.

> 민주당 이광재 의원이 통계청 등으로부터 제출 받은 국정감사 자료에 따르면, 경찰청은 최근 5년간 자살자가 66,684명인 것으로 조사했지만 통계청은 57,224명, 대검찰청은 61,803명으로 집계하는 등 조사기관에 따라 최대 만 명 정도의 차이가 발생하는 것으로 나타났다. (CBS 뉴스 보도, 2008.10.13.)

〈표 2-6〉 OECD 국가의 자살률

(단위 : 명/10만명)

국가명	1990	2000	2001	2002	2003	2004	2005	2006
호주	12.5	11.8	11.9	11.1	10.2			
오스트리아	20.5	16.8	15.6	16.1	14.9	14.5	13.8	12.6
벨기에	16.6							
캐나다	12.0	10.8	10.8	10.6	10.7	10.2		
체코	17.8	13.8	13.5	12.8	14.2	13.0	12.7	
덴마크	20.5	11.4	11.3					
핀란드	27.8	20.4	20.7	18.8	18.4	18.4	16.5	18.0
프랑스	17.7	15.6	15.0	15.1	15.3	15.0	14.6	
독일	14.5	11.0	11.0	10.8	10.8	10.3	9.7	9.2
그리스	3.1	3.0	2.6	2.4	2.9	2.6	2.9	2.9
헝가리	35.3	26.8	24.3	23.2	22.6	22.2	21.0	
아이슬란드	15.9	18.0	12.2	9.7	8.7	11.7	10.4	
아일랜드	10.1	11.8	12.2	11.1	10.8	10.0	9.2	8.9
이탈리아	6.5	5.8	5.6	5.6	5.5			
일본	14.5	19.1	18.5	18.7	20.3	19.1	19.5	19.1
한국	**7.9**	**14.1**	**15.1**	**18.7**	**23.3**	**24.2**	**24.7**	**21.5**
룩셈부르크	16.0	12.8	15.3	17.2	10.3	12.5	9.5	
멕시코	3.0	3.8	4.2	4.1	4.3	4.3	4.4	
네덜란드	8.7	8.2	8.0	8.4	8.0	7.9	8.3	8.1
뉴질랜드	13.4	12.0	13.0	11.7	12.5	11.9		
노르웨이	14.4	11.6	11.5	10.2	10.5	10.9	10.9	
폴란드	12.9	13.8	13.7	13.9	13.6	14.0	13.9	13.2
포르투갈	8.0	4.1	6.0	9.5	8.7			
슬로바키아		12.4	11.6	11.9	12.3	11.0	10.9	
스페인	6.8	6.9	6.4	6.6	6.7	6.6	6.3	
스웨덴	15.0	10.9	11.3	11.4	10.7	11.1		
스위스	19.1	16.2	15.4	16.3	14.1	14.0	14.1	
터키								
영국	7.4		6.4	6.4	6.1	6.3	6.0	
미국	11.9	9.8	10.0	10.2	10.0	10.2	10.1	
OECD 평균	13.9	12.3	11.9	11.9	11.7	12.2	11.9	12.6

(출처 : 〈2009 OECD 사회통계지표〉, 보건복지부, 2009)

〈표 2-5〉에서 보았듯이 우리나라의 자살률은 세계적으로 매우 높은 편입니다. 그런데 OECD 국가들의 자살률을 연도별로 조금 더 상세하게 나타낸 〈표 2-6〉을 보면 우리나라의 자살률이 언제나 세계 최고 수준이었던 것은 아니었음을 알 수 있습니다. 1990년만 하더라도 우리나라의 자살률은 OECD 평균보다 낮은 수준이었습니다. 그러다가 2000년 이후에는 줄곧 평균보다 높은 수준이었고 더구나 그 동안 우리나라의 자살률은 유례없는 빠른 속도로 높아졌음을 알 수 있습니다. 우리나라와 달리 같은 시기 동안 대부분의 나라에서는 자살률이 낮아졌으므로 자살률로만 본다면 지난 몇 십 년 사이에 한국 사회에서는 특별한 변화가 있었던 것 같습니다. 한국에서는 무슨 일이 있었던 것일까요?

〈표 2-7〉은 역시 OECD 국가들을 대상으로 청소년과 노인의 자살률 통계를 나타낸 표입니다. 한국 노인들의 자살률이 다른 나라와 비교할 수 없을 정도로 높습니다. 통계청에서 발표한 자료 가운데 노인들을 대상으로 자살충동을 느끼는 이유를 조사한 것이 있습니다. 건강이나 외로움 등 여러 이유가 있었습니다만 그중에서도 40%를 넘어 으뜸을 차지한 이유가 바로 경제적인 이유, 즉 궁핍이었습니다.[11]

또한 보건 분야 연구자들이 2009년에 발표한 연구에 따르면 노인인구 중 지난 1년 간 자살생각을 경험한 비율은 2005년 30.5%,

11 통계청, 〈향후 10년간 사회변화 요인분석 시사점〉, 2009.

〈표 2-7〉 OECD 국가의 청소년과 노인 자살률

(단위 : 명/십만 명)

국가명	연도	청소년(15~24세)	노인(65~74세)	노인(75세이상)
호주	2003	10.7	11.8	10.6
오스트리아	2006	9.1	22.8	39.9
벨기에	1997	12.4	23.4	39.7
캐나다	2004	11.0	10.3	10.3
체코	2005	7.4	16.9	25.6
덴마크	2001	7.5	20.8	34.3
핀란드	2006	19.4	26.5	17.1
프랑스	2005	7.2	25.1	36.2
독일	2004	6.7	18.6	29.7
그리스	2006	1.9	3.3	7.8
헝가리	2005	7.4	33.5	57.1
아이슬란드	2005	6.9		
아일랜드	2005	11.9	10.5	5.4
이탈리아	2003	3.8	10.7	16.1
일본	2006	14.1	28.8	29.6
한국	2006	9.3	59.8	97.3
룩셈부르크	2005	11.3	16.6	27.2
멕시코	2005	6.4	4.7	6.8
네덜란드	2004	5.0	8.2	14.0
뉴질랜드	2000	18.2	10.8	9.9
노르웨이	2005	12.3	9.5	11.3
폴란드	2005	11.2	18.2	14.1
포르투갈	2003	3.7	19.0	34.0
슬로바키아	2005	7.5	12.8	19.1
스페인	2005	3.9	13.3	19.5
스웨덴	2002	9.7	18.0	20.3
스위스	2005	10.5	28.6	47.7
터키				
영국	2005	4.9	5.7	6.8
미국	2005	10.0	12.5	16.8

출처 : 〈2009 OECD 사회통계지표〉, 보건복지가족부, 2009)

2001년 26.2%, 1998년 33.6%였으며 통계분석 방법을 써서 여러 인구학적, 경제적, 건강 요인들과 자살을 생각하는 비율의 관계를 알아보았더니 주관적 건강상태가 나쁠수록, 우울증상이 높을수록, 스트레스가 심할수록, 배우자가 없을수록 자살을 생각하는 비율이 높았다고 합니다.[12]

자살률은 OECD와 같은 국제기구에서 사회적통합social cohesion를 측정하기 위한 지표로 중요하게 사용하는 값입니다. 노인의 높은 자살률은 우리나라의 사회복지 수준이 어느 정도인지를 웅변해주는 통계입니다.

공중보건과 통계

어떻게 보면 통계와 질병, 사인 분류체계는 서로 거리가 멀 것 같습니다. 그런데 통계학의 역사를 살펴보면 보건 분야와 통계가 상당히 밀접한 관계가 있었다는 것을 알 수 있습니다. 아래에 소개할 Willam Farr라는 인물이 그 대표적인 경우입니다. 이 글은 제가 〈한국통계학회소식지〉 한국통계학회, 20권 2호, 2007, 9~12쪽의 '통계학사 인물 읽기'코너에 실었던 글을

출처 : Wikipedia

12 한삼성, 강성욱, 유왕근, 피영규, "노인의 자살생각 결정요인에 관한 연구", 〈보건사회연구〉, 29권, 1호, 한국보건사회연구원, 2009, 192~212쪽.

줄여서 편집한 것입니다.

1830년대라는 시대는 유럽이 콜레라라는 새로운 전염병을 겪은 시대로도 기록된다. 유사 이래 세계 어디서든 전염병이 휩쓸고 지나가고 나면 그로 인한 희생자의 규모는 대단한 것이었다. 페스트, 디프테리아 등 역사에 기록된 숱한 전염병 중에서 19세기 중엽 이후 유럽에 가장 큰 피해를 남긴 것은 콜레라였다. 인도의 갠지스 강 유역에서 시작되어 1830년경 처음 유럽에 상륙한 이 전염병은 환자 가운데 20%~50%를 병에 걸린 지 단 하루만에 사망하게 만드는 가공할 만한 병이었다. 그런데 당시만 하더라도 유럽 의학은 보잘 것 없는 수준에 머물러 있었기 때문에 의사들이 받는 신뢰나 그들이 가진 권위 역시 오늘날과 전혀 다른 것이었다. 어느 정도였냐면 거의 모든 의사들은 눈에 보이지도 않는 세균이 치명적인 병을 일으킨다는 생각을 터무니없는 견해로 치부하였으며, 질병이 전염될 수 있다는 주장 역시 인정하기 꺼려했다. 따라서 새로운 전염병이 유럽을 휩쓰는데도 그 병이 무엇 때문에 어떤 경로로 생기는지 아무도 알지 못했으므로 예방책을 세울 수도 없었고 치료책을 마련할 수도 없는 형편이었다.

그런데, 한편으로 바로 그 시기는 후대에 통계학의 역사를 연구한 사람들이 "통계에 대한 열광의 시기"라고 부르게 되는 시기였던 만큼, 전염병처럼 중요한 현안에 대해 통계가 나선 것은 당연한 일이었다. 영국에는 1848~1849년에 또다시 콜레라가 찾아왔다. 그 피해 정도는 1849년 한 해 동안 영국에서 사망한 440,853명 가운데 콜레라로 죽은 사람이 53,293명으로 기록될 정도로 엄청난 것이었다. 비록 원인도 모르고 당하는 재앙이었지만 영국에서는 이때 유행한 콜레라로 인한 피해에 대해 광범위하고 체계적인 통계조사를 시행하였고, 후대에 역학epidemiology의 역사를 연구하는 학자들은 이 조사가 전염병에 대한 통계조사로는 최초의 조사였다고 평가한다.

영국에서 그러한 작업의 중심에 있었던 사람이 바로 파르였다. 당시 파르는 호적등기소General Registrar Office에서 일하고 있었는데 오랫동안 교회가 담당하던 출생, 혼인, 사망의 등록업무를 맡은 관공서가 바로 이곳이었다. 원래 런던에서 개업한 이름 없는 의사였던 파르는 통계공무원 직을 맡아 1839년부터 무려 40년 동안 그 자리를 지켰다. 그는 사실 아무 것도 내세울 것 없는 가난한 집안에서 태어나 이웃 유지의 호의 덕분에 학교에 다닐 수 있었던 사람이었다. 그런 환경에서 어렵게 의사가 되었으나 그 자리에 머물지 않고 통계공무원 일을 하게 되었고 영국의 동태 통계, 의학 통계를 뚜렷하게 발전시키기에 이르렀다. 그는 또한 직업에 따른 사망률 통계를 작성하고 질병에 이름을 붙였으며, 질병을 분류하는 작업에도 심혈을 기울였는데 이러한 작업의 결과는 그가 작성한 생명표life table와 더불어 의학계 뿐 아니라 보험업계에도 매우 긴요한 것이었다. 그리고 그는 런던통계협회 회장을 여러 해 동안 역임하기도 하고 오늘날 국제통계협회ISI의 전신인 국제통계회의ISC에도 적극 참여하여 많은 역할을 하였다. 1837년에는 새로운 학술지 British Annals of Medicine을 발행한 바도 있는데 (비록 9개월밖에 지속되지 못하였지만) 이 학술지는 영어로 된 의학 학술지들 가운데 통계가 중요한 내용을 차지하는 것으로는 최초였다.

당시 많은 사람들이 그랬던 것처럼 파르도 통계에 대해 대단한 열정을 가진 인물로서 전염병을 비롯한 질병으로부터 사람들을 해방시키는 역할을 통계가 할 수 있다고 믿었던 사람이었다. 파르는 과연 어떤 조건에 있는 사람이 희생자가 되었는지 알아보기 위하여 성별이나 연령처럼 희생자의 기본 인적 사항 뿐 아니라 소유한 재산의 규모, 주거 조건, 심지어 요일별 사망자 수에 이르기까지 조사하여 통계를 작성하였다. 여러 측면에서 자료를 분석한 결과 그는 많은 변수 중에서 지역의 고도가 낮은 곳일수록 사망률이 높다는 것을 알게 되었다. 이로부터 그는 콜레라로 인한 사망률은 사람들이 살고 있는 곳의 고도와 반비례한다고 결론내리면서 낮은 지대에 사는 사람들은 오염된 공기를 마시게 되므로 콜레라는 공기를 통해 전염된다고 판단하였다. 결국 파르는 나름대로 철저히 데이터를 분석했음에도 불구하고 콜레라의 원인을 잘못 짚고 말았던 것이다. 그가 여러 변수들과 사망률의 관계를 예컨대 오늘날의 로지스틱회귀와 같은 방법으로 탐색할 수는 없었을 것임을 감안하고 그의 데이터에서 고도와 사망률의 관계를 살펴보면 그가 내린 결론은 충분히 이해할 만한 것이다.

당시에 물론 콜레라의 원인을 찾으려했던 사람이 파르 혼자는 아니었다. 파르가 수집, 정리한 데이터를 가지고 콜레라가 수인성 전염병임을 처음 밝힌 사람은 역시 의사였던 존 스노우John Snow, 1813~1858였다. 파르가 사망률과 그 원인이 될법한 변수 사이의 관계를 수학적인 모형을 세워 설명하려했다면, 존 스노우는 특정한 우물 펌프를 이용하는 지역에서 집중적으로 많은 사망자가 생긴 것을 발견하고 (당시 런던의 상수원은 템스 강 또는 우물이었는데 제대로 정수 시설을 갖추고 먹는 물을 공급한 경우는 거의 없었다. 게다가 템스 강은 런던의 오폐수와 분뇨가 모두 흘러드는 곳이었으니 그 오염정도는 상상 이상이었을 것이다.) 결국 물이 문제임을 알아냈다. 콜레라 사망자가 발생한 위치를 점으로 표시한 스노우의 런던 지도는 통계그래픽 교과서에 빠지지 않고 등장하는 고전이 되었다. 어쨌든 스노우의 방법이 가능했던 결정적인 이유는 파르가 제공한 세밀한 통계자료가 있었기 때문이었고, 또한 그의 방법 역시 일종의 통계그래픽을 이용한 것이었으므로 결국 통계학이 콜레라의 비밀을 푸는 열쇠를 제공하는데 큰 역할을 했던 셈이다. 훗날 파르가 스노우의 주장을 완전히 인정하는 데는 10년 정도가 더 필요했고 최종적으로 유럽과 미국에서 콜레라가 위력을 잃은 것은 1880년대에 코흐가 콜레라균을 찾아낸 이후였다.

비록 통계학적 방법을 동원하여 콜레라의 원인을 밝히는 데 성공하지는 못했으나 콜레라를 연구하는 과정에서 파르는 영국 사회가 공중보건을 위한 위생 체계를 마련하는데 커다란 역할을 하였다. 사실 콜레라가 전염병이었지만 모든 계급의 사람들을 무차별적으로 희생시킨 것은 결코 아니었다. 당연히 부자들은 좋은 집에서 깨끗한 물과 음식을 섭취하였고 오물이나 불결한 환경에 접할 기회가 훨씬 적었으므로 콜레라에 걸리는 경우도 적었고 결국 희생자들은 대부분 빈민층에서 나왔다. 그 결과 심지어는 콜레라가 부자들의 음모에 의한 것이라는 소문이 빈민들 사이에 널리 퍼지게 되었고 농민과 빈민들이 관리와 의사를 살해하는 폭동의 조짐까지 보이게 되었으니 질병은 의학의 문제일 뿐 아니라 첨예한 사회적인 문제였던 것이다. 파르의 통계분석 결과 콜레라가 극도로 열악한 처지에서 사는 저지대 빈민들을 집중적으로 희생시킨다는 사실이 밝혀지자 수돗물의 수질 개선을 비롯하여 그들의 생활조건을 개선하는데 정부가 나설 수밖에 없게 되었다.

파르는 1879년에 40년간 맡아일하던 통계공무원직에서 물러나게 되는데 역학과 동태통계 분야에서 그의 명성은 대서양 양안에서 모두 높았다.

3. 혼인과 노령화, 이주

혼인과 이혼을 나타내는 값으로 가장 간단한 것은 역시 조혼인율과 조이혼율입니다. 조출생률, 조사망률 계산식과 마찬가지로 연앙인구 1,000명당 혼인과 이혼 건수로 계산합니다.

$$\text{조혼인율} = \frac{\text{총 혼인 건수}}{\text{연앙인구}} \times 1{,}000$$

$$\text{조이혼율} = \frac{\text{총 이혼 건수}}{\text{연앙인구}} \times 1{,}000$$

그런데 이혼은 모든 연령대의 사람들이 다 할 수 있는 것은 아니므로 총이혼 건수를 15세 이상 남성(또는 여성)의 연앙인구로 나누고 1,000을 곱해서 '일반이혼율'이라는 것을 계산하기도 합니다. 또한 '유배우이혼율'이라는 것도 있는데 역시 총이혼 건수를 배우자가 있는 사람들의 인구, 즉 유배우 연앙인구로 나눈 다음 1,000을 곱해서 계산합니다.

지난 십여 년 사이에 우리 사회에서 이혼이 늘어나다보니 높은 이혼율을 지나치게 강조하는 경우도 있는 것 같습니다. 그리하여 다음 사례에서 볼 수 있는 것처럼 이혼율을 과장하는 경우도 있습니다.[13]

> 2002년 한 해 동안 하루 평균 190쌍이 결혼하고 80쌍이 이혼한 것으로 나타났다. 따라서 결혼한 2쌍 가운데 1쌍에 가까운 40.2%가 이혼하였다. 2002년도 이혼율은 40.2%이다.

인용문에서 말하는 비, 즉 한 해 동안의 이혼 건수를 그 해의 혼인 건수로 나눈 비는 이혼율이 아니고 '혼인 대비 이혼비' 또는 그냥 '이혼비'라고 불리는데 당연히 이혼율과는 크게 다릅니다. 〈그림 2-4〉에서 볼 수 있듯이 1990년대 이후 우리나라의 이혼 건수가 빠르게 증가한 것은 맞습니다만 이혼이 16만 7천여 건으로 가장 많았던 2003년의 경우를 보더라도 그 해의 조이혼율은 3.5였습니다. 즉, 인구 천 명당 이혼 건수가 3.5건이었습니다.

한 해 동안 이혼한 사람들이 혼인한 시기는 그 해를 포함해서 그 이전 모든 시기가 포함되므로 그 해에 이혼한 사람은 해당 해에 혼인한 사람들의 부분집합이 아닙니다. 따라서 해당 연도의 혼

13 김성철, 박진우, 유홍림, 이석훈, 전명식, 조재근, 〈통계와 정책〉, 통계교육원, 2008.

인과 이혼 건수로 '비ratio'는 구할 수 있겠지만 '비율proportion'이나 '율rate'을 구할 수는 없겠습니다. 비슷한 예를 하나 더 들어보겠습니다.

> 2007년 통계청 발표에 따르면 지난해 남자의 평균 이혼 연령은 42.6세, 평균 재혼 연령은 44.4세였고, 여성의 평균 이혼 연령은 39.3세, 평균 재혼 연령은 39.7세였다. 따라서 이혼 후 재혼하기까지 남자는 평균 1.8년, 여자는 0.4년가량 걸린다. 그러므로 여자가 훨씬 빨리 이혼의 아픔을 잊고 다시 새 짝을 찾는다.

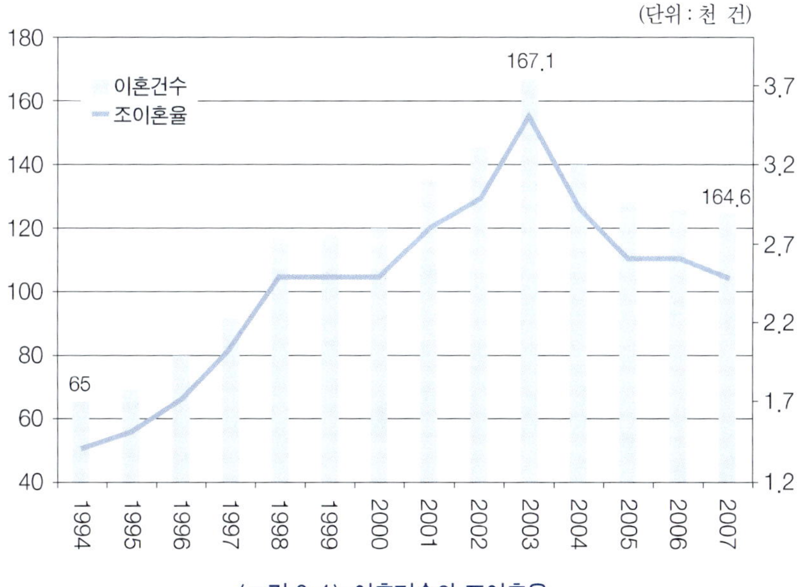

〈그림 2-4〉 이혼건수와 조이혼율

이혼과 재혼 연령의 차이를 가지고 재혼까지의 소요 시간을 계산한 이 주장 역시 아무런 근거가 없는 주장입니다. 통계청 자료에 따르면 2006년 이혼 후 재혼까지 소요기간은 남자 3.7년, 여자 3.6년으로 사실상 차이가 없었습니다.

〈그림 2-5〉는 처음 하는 결혼, 즉 초혼연령을 성별로 나누어 그린 것입니다. 2000년대 중반에 남성의 평균 초혼연령은 이미 30세를 넘어섰고 여성의 초혼연령 역시 비슷한 속도로 높아지고 있습니다. 초혼연령의 상승은 출산율을 낮추는 데에도 중요한 역할을 하였을 것입니다.

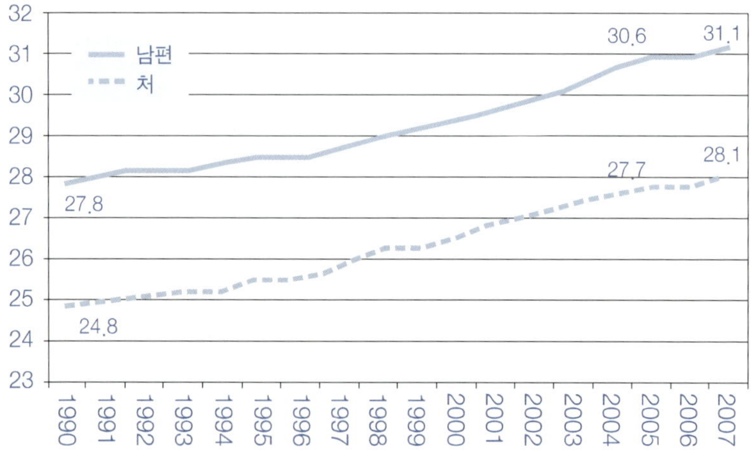

(출처 : 통계청)

〈그림 2-5〉 평균초혼 연령의 변화

한편 혼인과 관련하여 우리나라에서 볼 수 있는 두드러진 현상 중 하나가 국제결혼이 빠르게 늘어난 점입니다. 통계청의 〈e-나라지표〉에 있는 〈그림 2-6〉을 보면 2004년 이후 전체 혼인 건수 가운데 10% 이상이 외국인과의 국제결혼임을 알 수 있습니다. 그 중에서도 특히 한국인 남성이 외국인 여성과 결혼하는 경우가 크게 늘어난 것을 알 수 있습니다. 물론 여러 사회적인 원인이 작용했겠습니다만 중요한 원인 중 하나가 여성인구가 남성인구보다 뚜렷이 적은 현상, 즉 성비의 불균형입니다.

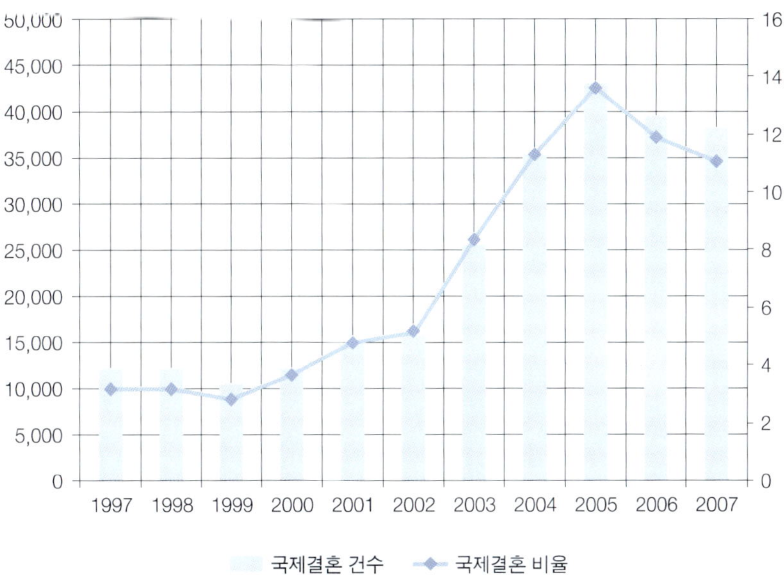

(출처 : 통계청 e-나라지표)

〈그림 2-6〉 국제결혼 비율과 건수

여러분들이 통계청이나 관련단체를 통해 국제결혼을 지역별로, 직종별로, 계층별로 구분해서 살펴볼 수 있는 데이터를 얻어 이 문제를 좀 더 세밀히 살펴보면 이미 우리 사회에서 무시할 수 없는 비중을 차지하고 있는 국제결혼의 다양한 측면을 볼 수 있을 것입니다. 가령 국제결혼을 통해 한국에 들어와 살고 있는 '결혼이민자'를 국적별로, 성별로 나눠서 보여주는 〈표 2-8〉을 훑어보십시오. 중국, 베트남, 캄보디아, 필리핀, 몽골 출신 신부가 그런 나라 출신 신랑보다 압도적으로 많습니다. 그런데 예외가 딱 한 나라 있습니다. 바로 미국입니다. 한국 여성과 결혼한 미국 남자가 한국 남성과 결혼한 미국 여성보다 훨씬 많습니다.

〈표 2-8〉 국적별 결혼이민자 국적현황

(단위 : 명)

출신국	인원수	성별	
		여자	남자
전체 체류자	**125,197**	**109,668**	**15,529**
중 국	33,468	30,206	3,262
한국계 중국인	33,204	26,599	6,605
베트남	29,985	29,833	152
필리핀	6,193	6,033	160
일 본	5,120	4,614	506
캄보디아	2,984	2,976	8
몽 골	2,304	2,258	46
태 국	2,075	2,036	39
미 국	1,619	497	1,122
기 타	8,245	4,616	3,629

(출처 : 법무부 출입국 · 외국인정책본부, 2009.9.30. 현재)

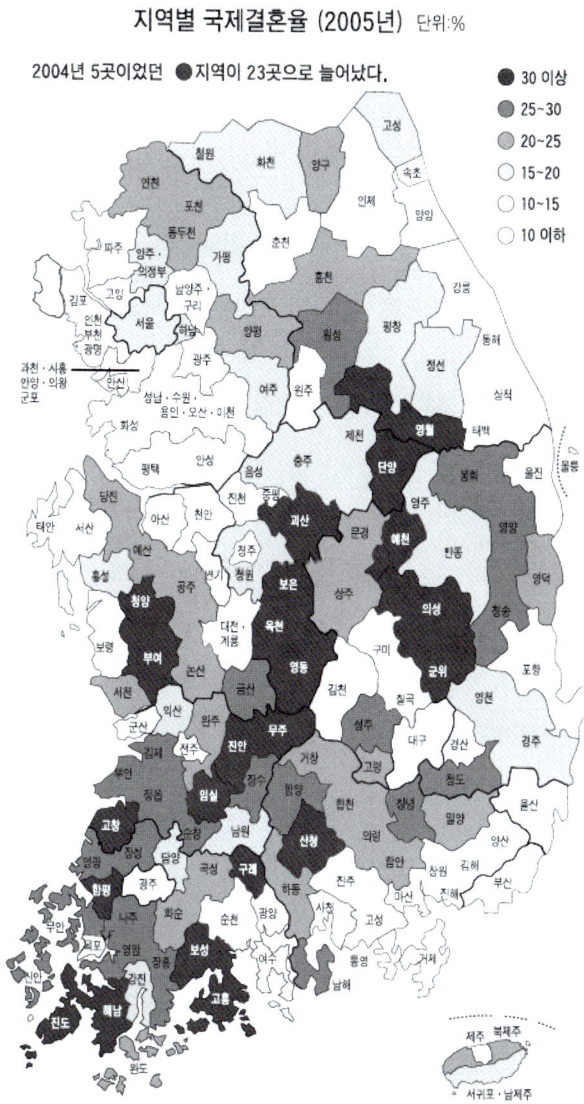

(출처 : 〈중앙일보〉, 2006. 4. 3.)

〈그림 2-7〉 지역별 국제결혼 비율

〈그림 2-7〉은 일간신문에 실렸던 것으로서 국제결혼 비율을 지역별로 나타낸 것입니다. 2005년 통계라서 한계는 있습니다만 농촌 지역에서 국제결혼 비율이 높고 전체 결혼 가운데 국제결혼의 비율이 30%를 넘는 지역도 상당히 많은 것을 알 수 있습니다. 특히 전라도의 거의 대부분 지역에서 국제결혼 비율이 높으며 충청도와 경상북도 여러 곳에서도 마찬가지입니다. 이명박 정부에서 '여성부'로 축소되기 전 '여성가족부'에서는 결혼이민자에 대한 실태조사와 지원정책에 대한 연구 자료를 만든 적이 있습니다.[14] 관심 있는 분은 보건복지가족부 홈페이지에서 보고서를 내려 받아 살펴보시기 바랍니다.

또한 통계청에서 발표한 자료 중에는 〈표 2-9〉와 같은 흥미로운 통계도 들어 있습니다.[15] 결혼하지 않은 부모가 낳는 아이들의 비율을 나라별로 비교한 것인데 한국이나 일본에서는 그 비율이 조금씩 높아지고는 있습니다만 구미 각국의 비율에 비하면 거의 무시해도 좋아 보일 만큼 매우 낮습니다. 특히 영국이나 프랑스의 경우 그 비율이 거의 절반에 가깝습니다. 즉, 그런 나라에서는 결혼하지 않고 아이를 낳아도 아이를 키우는데 거의 아무런 제약이 없다는 것이겠지요.

14 여성가족부, 〈결혼이민자 가족실태조사 및 중장기 지원정책방안 연구〉, 2006.

15 통계청 보도자료, 〈2007년 출생통계결과〉, 2008. 8., 14쪽.

〈표 2-9〉 혼인외 출생아 비율

	연 도	한국	일본	미국	영국	프랑스	이탈리아	독일
혼인외의자	2007	1.6	–	–	–	–	20.7	30.8
	2006	1.5	2.1	38.5	43.9	49.5	18.6	30.0
	2005	1.5	2.0	36.9	42.9	47.4	15.4	29.2
	2004	1.3	2.0	35.8	42.3	46.4	14.9	27.9
	2003	1.3	1.9	34.6	41.5	45.2	13.0	27.0
	2002	1.1	1.9	34.0	40.6	44.3	10.9	26.1
	2001	1.0	1.7	33.5	40.1	43.7	9.9	25.0

이러한 통계는 오늘날 유럽 사람들은 결혼과 출생에 대해 우리나라 사람들과 매우 다르게 생각하고 있음을 잘 보여줍니다. 그러므로 그런 나라에서는 남자와 여자가 혼인을 하여 아이를 낳고 사는 것만 가정으로 인정하던 옛날 제도가 더 이상 효력을 발휘하기 어려울 것이므로 결혼과 출생에 관련된 온갖 사회적, 법률적 장치들이 당연히 바뀔 수밖에 없겠지요.

따라서 혼인 외 출생아들에 대해서도 국가가 혼인한 부부에게서 태어난 아이들과 다름없는 지원을 하는 것은 물론, 이성 간의 동거, 나아가 동성 간의 동거나 결혼도 법률적으로 인정, 보호할 뿐더러 그런 커플이 (누구의 아이이든) 아이를 키우고 함께 사는 것도 엄연히 가정으로 인정하여 모든 지원을 해주는 나라가 늘어나고 있습니다.

예컨대 네덜란드는 2001년부터, 벨기에는 2003년부터, 캐나다와 스페인은 2005년부터, 남아프리카공화국은 2006년부터, 그리고 노르웨이와 스웨덴은 2009년부터 동성 간의 결혼을 법률로 인정하고 있습니다. 그 외에 여러 나라에서도 법률적인 혼인에 버금가는 제도를 시행하고 있는데 나라마다 그러한 경우를 지칭하는 이름이 달라서 프랑스에서는 pacte civil de solidarité(civil pact of solidarity), 영국에서는 Civil Partnership, 독일에서는 Eingetragene Lebenspartnerschaft(registered partnership)이라 부르고 있습니다. civil union이라는 용어도 마찬가지 용도로 쓰이고 있는데, Wikipedia에 따르면 그 외에 domestic partnerships, significant relationships, reciprocal beneficiary relationships, common-law marriage, adult interdependent relationships, life partnerships, stable unions 등 여러 용어들도 쓰이고 있다고 합니다.

한편 혼인이나 가정을 둘러싼 이러한 변화는 이혼율과 같은 통계를 국제적으로 비교할 때에도 유념해야 할 요소이겠습니다. 혼인 신고를 하지 않고 동거하면서 아이를 낳고 사는 사람들이 대단히 많은 사회의 이혼율과 그렇지 않은 나라의 이혼율을 사회적인 조건을 무시한 채 단순 비교하면 자칫 오류에 빠질 수도 있겠습니다.

이어서 노인인구에 대해 공부해봅시다. 흔히 연령별로 인구구조를 나타낼 때에는 전체 인구를 셋으로 구분합니다. 유소년인구0~14세, 생산가능인구15~64세, 노령인구65세 이상가 바로 그것입니다. 또한 UN에서는 노령인구가 7%이상이면 고령화사회aging society라고 부르고 14%이상이면 고령사회aged society, 그리고 20%이상이면 초고령사회super aged society라고 부릅니다. 우리나라는 지난 2000년에 노령인구가 7.2%가 되어 이미 고령화사회에 진입하였고 2018년과 2026년 무렵에는 고령사회, 초고령사회에 접어들 것으로 예상하고 있습니다. 〈표 2-10〉에서 볼 수 있듯 이러한 고령화 속도는 세계에서 유례가 없을 정도로 빠른 편이며 그만큼 준비할 시간이 빠듯할 수밖에 없다는 뜻이겠습니다.

고령화의 문제점으로 흔히 노령인구를 부양할 사회적인 부담이

〈표 2-10〉 주요국의 고령화 속도

	도달년도			증가 소요 연수	
	7% (고령화)	14% (고령)	20% (초고령)	7% → 14%	14% → 20%
일 본	1970	1994	2006	24	12
프랑스	1864	1979	2018	115	39
영 국	1929	1976	2026	47	50
미 국	1942	2015	2036	73	21
한 국	**2000**	**2018**	**2026**	**18**	**8**

(출처 : 통계청, e-나라지표)

늘어나는 것을 들고 있는데 이를 나타내는 값으로는 노년부양비 elderly dependency ratio와 노령화지수ageing index가 있습니다. 노년부양비란 15세에서 64세 사이의 생산가능인구 100명이 부양해야 할 노령인구가 얼마나 되는지를 나타냅니다. 그리고 유소년인구와 노령인구를 합한 값을 생산가능인구로 나눈 것을 부양비라고 부릅니다. 우리나라의 경우 1980년에는 노년부양비가 6.14였다가 2000년에는 10.07로 높아졌고 앞으로 2030에는 37.7으로 높아지고 2050년이 되면 72까지 높아질 것으로 예상하고 있습니다.

$$\text{노년부양비} = \frac{\text{노령인구}}{\text{생산가능인구}} \times 100$$

$$\text{노령화지수} = \frac{\text{노령인구}}{\text{유소년인구}} \times 100$$

$$\text{부양비} = \frac{\text{유소년인구} + \text{노령인구}}{\text{생산가능인구}} \times 100$$

우리는 앞서 사망원인 통계를 살펴보면서 우리나라의 노인자살률이 세계 최고 수준이라는 통계를 본 적 있습니다. 인구를 공부한 뒤 이 책에서는 노동과 빈곤에 대해서도 다룰 것인데 그곳에서도 우리는 노인을 다시 만나게 될 것입니다. 보건복지가족부에서는 노인에 대한 실태조사를 벌여 보고서를 낸 바 있습니다.[16] 그

16 보건복지가족부, 〈2008년도 노인실태조사–전국노인생활실태 및 복지욕구조사〉, 2009.

〈표 2-11〉 우리나라의 인구

	연앙인구 (천명)	성비	인구비중 0~14세	15~64세	65세 이상	중위 연령	평균 연령	고령화 지수	노년 부양비	인구 성장률
1960	25,012	100.7	42.3	54.8	2.9	19	23.1	2.9	5.3	-
1965	28,705	101.4	43.8	53.1	3.1	18.3	23	3.1	5.8	2.57
1970	32,241	102.4	42.5	54.4	3.1	18.5	23.6	3.1	5.7	2.21
1975	35,281	101.4	38.6	58	3.5	19.6	24.5	3.5	6	1.7
1980	38,124	101.8	34	62.2	3.8	21.8	25.9	3.8	6.1	1.57
1985	40,806	101.7	30.2	65.6	4.3	24.3	27.5	4.3	6.5	0.99
1990	42,869	101.3	25.6	69.3	5.1	27	29.5	5.1	7.4	0.99
1995	45,093	101.4	23.4	70.7	5.9	29.3	31.2	5.9	8.3	1.01
1996	45,525	101.4	22.9	71	6.1	29.8	31.6	6.1	8.6	0.96
1997	45,954	101.5	22.3	71.4	6.4	30.3	31.9	6.4	8.9	0.94
1998	46,287	101.3	21.8	71.6	6.6	30.7	32.3	6.6	9.3	0.72
1999	46,617	101.3	21.4	71.7	6.9	31.2	32.7	6.9	9.6	0.71
2000	47,008	101.4	21.1	71.7	7.2	31.8	33.1	7.2	10.1	0.84
2001	47,357	101.4	20.8	71.6	7.6	32.3	33.5	7.6	10.5	0.74
2002	47,622	101.3	20.5	71.6	7.9	32.9	34	7.9	11.1	0.56
2003	47,859	101.3	20.1	71.6	8.3	33.5	34.5	8.3	11.6	0.5
2004	48,039	101.2	19.7	71.7	8.7	34.1	35	8.7	12.1	0.38
2005	48,138	101	19.2	71.7	9.1	34.8	35.5	9.1	12.6	0.21
2006	48,297	101	18.6	71.9	9.5	35.4	36	9.5	13.2	0.33
2007	48,456	101	18	72	9.9	36.1	36.5	9.9	13.8	0.33
2008	48,607	100.9	17.4	72.3	10.3	36.7	37	10.3	14.3	0.31
2010	48,875	100.8	16.2	72.9	11	38	38	11	15	0.26
2015	49,277	100.6	13.7	73.4	12.9	41	40.4	12.9	17.6	0.1
2020	49,326	100.1	12.4	72	15.6	43.8	42.7	15.6	21.7	−0.02
2030	48,635	99	11.4	64.4	24.3	49	46.7	24.3	37.7	−0.25
2040	46,343	97.3	10.3	57.2	32.5	53.4	50.4	32.5	56.7	−0.67
2050	42,343	96	8.9	53	38.2	56.7	53.4	38.2	72	−1.07

(출처 : 한국노동연구원, 〈2009 KLI 노동통계〉, 15쪽)

보고서는 2007년도에 개정된 노인복지법에 의해 시작된 3년 주기의 노인실태조사 결과를 바탕으로 만든 것이라고 합니다. 연구진은 표본조사를 통해 노인 가구, 노인 개인, 동거 자녀를 조사하고 허약노인에 대한 부가조사도 실시하였다고 합니다. 그렇게 해서 노인의 일반적 특성, 가족과 사회적 관계, 경제상태, 건강 보건, 복지욕구 등이 담긴 1,000페이지에 달하는 보고서가 2009년 7월에 나오게 되었습니다.

지금까지 공부한 여러 인구통계 지표들 가운데 중요한 몇 가지를 모아 만든 〈표 2-11〉을 보면 과거와 미래 우리나라 인구에 대해 대략적인 그림을 그려볼 수 있을 것입니다.

다음에는 인구이동에 대해 알아봅시다. 인구이동은 크게 국내이동과 국제이동으로 나눌 수 있습니다. 바로 이웃으로 이사하는 경우라든가 아주 짧은 기간 여행하는 것까지 이동으로 간주할 수는 없기 때문에 여기서도 역시 일정한 기준이 필요합니다. 먼저 국내이동은 행정 읍면동 경계를 넘어 거주지를 옮기는 경우를 말합니다. 그 중에서 다른 지역에서 특정 지역으로 이동해 온 경우를 전입, 특정 지역에서 다른 지역으로 이동해 간 경우를 전출이라 부르며 전입과 전출의 차이를 '순이동'이라 부릅니다. 그리고 전출보다 전입이 많은 경우, 즉 순 인구유입이 생긴 경우를 '전입초과' 그 반대 경우로 순 인구유출이 생겼을 때를 '전출초과'라고 부릅니다.

또한 다음의 식으로 인구의 순이동률도 계산합니다.

$$\text{순이동률}(\%) = \frac{\text{연간 순이동자 수}}{\text{주민등록 연앙인구}} \times 100$$

이렇게 구한 인구의 순이동률과 자연증가율을 더하면 인구성장률population growth rate이 됩니다.

$$\text{인구성장률} = \text{인구의 자연증가율} + \text{인구의 순이동률}$$

한편 국제이동 통계는 체류기간이 90일을 초과하는 내, 외국인 입, 출국자(장기이동자)를 대상으로 법무부의 출입국현황 전산자료를 기초로 작성합니다. 우리나라의 국제이동 통계는 〈표 2-12〉와 같습니다. 2000년 이후 내국인의 순이동은 모두 마이너스입니다. 즉 내국인은 입국자보다 출국자가 매년 더 많습니다. 2006년 이후 입국 외국인이 출국 외국인보다 10만 명 내외로 더 많았기 때문에 우리나라의 국제이동 순이동이 플러스가 되었습니다.

국제이동의 규모가 우리나라 인구에서 어떤 역할을 하는지 알아보려면 예컨대 2006~2008년 사이에 매년 30여만 명씩 입국한 외국인 수를 당시의 출생아 수와 비교해보십시오. 그 3년간의 출생아 수는 각각 448,153명, 493,189명, 465,892명이었습니다. 즉 매년 출생으로 늘어나는 인구의 65~70%에 해당하는 외국인들이 우리나라에 들어오고 있습니다.

〈표 2-12〉 우리나라의 국제이동 통계

(단위 : 천 명)

		2000	2001	2002	2003	2004	2005	2006	2007	2008
계	순이동	13	−31	−13	−44	−40	−81	44	77	60
	입국자	372	373	395	414	444	562	639	670	686
	출국자	360	404	408	458	483	643	595	593	627
내국인	순이동	−84	−96	−70	−70	−80	−80	−88	−77	−36
	입국자	187	201	224	236	255	296	324	352	375
	출국자	270	297	294	305	334	376	412	429	411
외국인	순이동	96	65	57	26	40	0	132	154	96
	입국자	185	173	171	178	189	266	315	318	312
	출국자	89	107	114	152	149	267	183	164	216

(출처 : 〈2008 국제인구이동통계결과〉, 통계청, 2009.7.)

4. 세계의 인구

UN에서는 미래의 세계 인구를 출산율, 사망률, 이주율 등의 변수를 고려하여 다양하게 전망하고 있습니다. UN의 자료를 보면 모두 8가지 예상인구가 나와 있는데 〈그림 2-8〉은 그 중 상, 중, 하 세 가지 예상치만 그린 것입니다.[17] 2010년 세계인구는 69억 정도인데 40년 후인 2050년에는 가장 높은 예상인구가 100억을

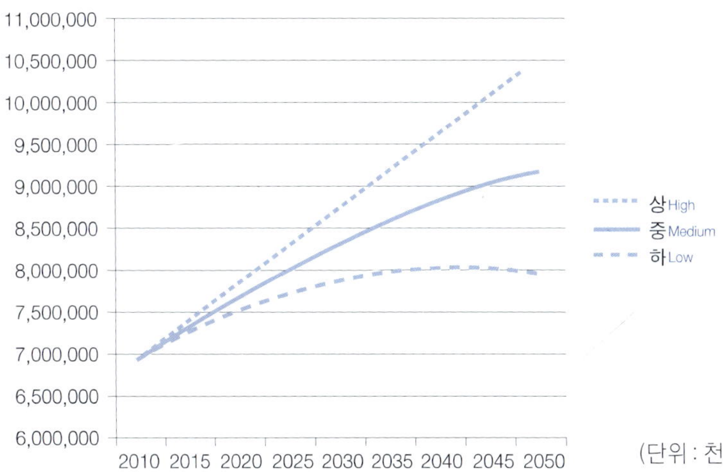

(단위 : 천 명)

(출처 : 2008 Revision of the World Population Prospects, UN Population Division)

〈그림 2-8〉 UN의 예측 인구

17 UN Population Division, 〈2008 Revision of the World Population Prospects〉, 2009.

〈표 2-13〉 세계의 인구

(단위 : 백만 명)

	1950	1960	1970	1980	1990	2000	2007
세계 전체WORLD TOTAL	2,520	3,024	3,697	4,442	5,280	6,086	6,671
아프리카AFRICA	224	282	364	479	636	812	965
동아프리카Eastern Africa	65	82	109	146	198	256	303
중앙아프리카Middle Africa	26	32	41	54	73	96	119
북아프리카Northern Africa	53	67	86	112	144	175	202
남아프리카Southern Africa	16	20	26	33	42	52	56
서아프리카Western Africa	64	80	102	134	178	234	284
라틴아메리카, 카리브해 지역 LATIN AMERICA and CARIBBEAN	167	219	285	362	444	523	570
카리브해 지역Caribbean	17	20	25	29	34	38	41
중앙아메리카Central America	37	50	68	91	113	136	148
남아메리카South America	113	148	192	242	297	349	381
북아메리카 NORTHERN AMERICA	172	204	232	256	283	315	342
아시아ASIA	1,396	1,699	2,140	2,630	3,169	3,676	4,029
동아시아Eastern Asia	671	792	987	1,178	1,350	1,479	1,538
중남아시아South Central Asia	496	617	780	978	1,226	1,485	1,703
동남아시아South Eastern Asia	178	223	286	358	440	519	568
서아시아Western Asia	51	67	88	116	154	193	220
유럽EUROPE	547	604	656	692	721	728	731
동유럽Eastern Europe	220	254	276	295	311	305	294
북유럽Northern Europe	77	81	86	89	92	94	97
남유럽Southern Europe	109	118	127	138	143	146	152
서유럽Western Europe	141	152	166	170	176	184	187
오세아니아OCEANIA	12.8	15.9	19.6	22.9	26.7	30.9	34.5
호주, 뉴질랜드 Australia and New Zealand	10.1	12.6	15.5	17.8	20.3	22.9	25.0
멜라네시아Melanesia	2.3	2.7	3.4	4.4	5.5	6.9	8.2
미크로네시아Micronesia	0.1	0.2	0.2	0.3	0.4	0.5	0.6
폴리네시아Polynesia	0.2	0.3	0.4	0.5	0.5	0.6	0.7

〈출처 : UN Statistics Division, 〈UN Demographic Yearbook 2007〉, UN Department of Economic and Social Affairs, 2009, 43~49쪽〉

조금 넘고, 낮은 값은 80억 내외, 중간 예측값은 90억을 조금 넘습니다. 한때 2050년이면 세계인구가 120~150억에 이르고 21세기말이 되면 240억에 이를 것이라는 '인구폭발' 시나리오가 대세를 이루었던 적도 있었습니다만 최근에는 대체로 세계 인구 증가 속도가 그보다는 더딜 것으로 예상하고 있습니다.

UN에서는 세계 230개 나라의 정부 통계를 모아서 매년 세계인구연감을 발행하고 있는데 〈표 2-13〉은 2009년 가을에 나온 연감에 실린 세계 지역별 인구입니다. UN에서 세계 여러 지역을 어떻게 나누고 어떻게 부르고 있는지 훑어보기 바랍니다. 동, 중, 북, 남, 서아프리카를 가르는 경계는 무엇일까요? '중남', '동남' 그리고 '서' 아시아를 가르는 경계는 또 어디일까요? 오세아니아에 속한다는 멜라네시아, 미크로네시아, 폴리네시아는 또 어디를 말하는 걸까요? 2007년 현재 아시아 인구는 66억 7천만 명의 세계 인구 가운데 40억 3천만 명 정도로 약 60%에 해당합니다.

그리고 〈표 2-14〉에는 세계 각 지역의 인구성장률, 조출생률, 조사망률, 인구밀도 그리고 성비가 나와 있습니다. 이 자료는 UN에서 2009년 10월에 발표한 것인데 인구밀도와 성비는 2007년의 값이고 나머지는 단일한 연도의 것이 아니고 2005년부터 2010년 사이의 값이라고 합니다. 값들을 살펴보면 지역별로 무척 다릅니다. 대륙별로 본다면 아프리카의 인구성장률이 2.2%로 가장 높고 유럽 지역의 값은 0.0입니다. 그리고 인구성장률이 유일하게 마이

〈표 2-14〉 세계의 인구성장률, 출생률, 사망률, 인구밀도, 성비

	인구성장률 (%)	조출생률	조사망률	인구밀도 (명/km^2)	성비
세계 전체WORLD TOTAL	1.2	20	9	49	101.7
아프리카AFRICA	2.2	39	13	32	99.4
동아프리카Eastern Africa	2.5	39	14	48	98.3
중앙아프리카Middle Africa	2.8	45	17	18	98.3
북아프리카Northern Africa	1.7	24	6	24	100.9
남아프리카Southern Africa	0.6	23	17	21	96.8
서아프리카Western Africa	2.4	40	15	46	100.4
라틴아메리카, 카리브해 지역 LATIN AMERICA and CARIBBEAN	1.2	20	6	28	97.7
카리브해 지역Caribbean	0.9	19	8	176	98.2
중앙아메리카Central America	1.3	21	5	60	97.1
남아메리카South America	1.2	19	6	21	97.8
북아메리카 NORTHERN AMERICA	1.0	14	8	16	97.3
아시아ASIA	1.1	19	7	126	104.9
동아시아Eastern Asia	0.5	13	7	131	106.1
중남아시아South Central Asia	1.5	24	8	158	105.8
동남아시아South Eastern Asia	1.2	20	6	126	99.0
서아시아Western Asia	1.8	24	6	45	105.8
유럽EUROPE	0.0	10	12	32	92.8
동유럽Eastern Europe	−0.5	10	15	16	88.5
북유럽Northern Europe	0.4	12	10	54	96.0
남유럽Southern Europe	0.3	10	10	115	95.8
서유럽Western Europe	0.2	10	10	169	95.6
오세아니아OCEANIA	1.2	17	7	4	99.9
호주, 뉴질랜드 Australia and New Zealand	1.0	13	7	3	98.6
멜라네시아Melanesia	1.9	28	9	15	103.6
미크로네시아Micronesia	1.3	22	5	200	98.3
폴리네시아Polynesia	1.0	22	5	88	105.0

(출처 : UN Statistics Division, 〈UN Demographic Yearbook 2007〉, UN Department of Economic and Social Affairs, 2009, 43~49쪽, 52쪽)

너스 값인 지역이 있는데 바로 동유럽입니다. 아시아 지역의 성장률은 값 자체로는 그리 높아 보이지 않습니다만 세계 인구 가운데 60%를 차지하는 아시아 인구의 규모를 생각한다면 역시 상당한 수준입니다. 한편, 앞서 성비를 공부할 때 잠깐 언급했듯이 아시아 지역의 성비는 세계 어떤 지역보다 높은데 세계 전체의 성비가 100을 넘는 이유도 아시아 인구 때문임을 알 수 있습니다.

UN에서는 또한 각국을 'More developed' 지역과 'Less developed' 지역 두 집단으로 나누어 각 집단의 인구를 예상하고 있는데 인구변화 모델 상, 중, 하 세 가지 가운데 중간 예상치를 그린 〈그림 2-9〉에서 보듯이 세계 인구 중에서 저개발지역의 인구가 차지

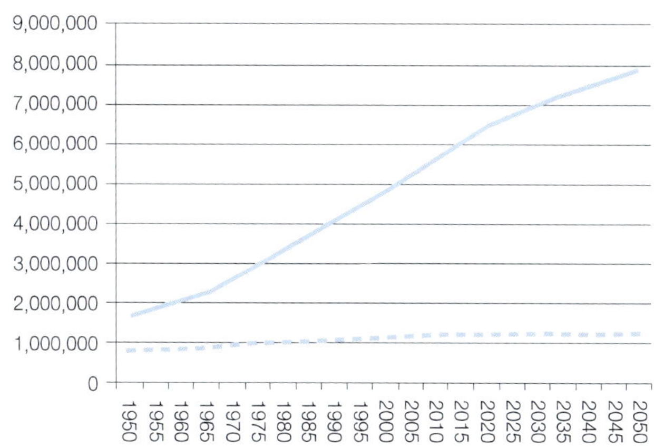

(단위 : 천 명)

(출처 : 2008 Revision of the World Population Prospects, UN Population Division)

〈그림 2-9〉 지역 개발 정도별 세계인구 예측

하는 비중이 갈수록 늘어날 것으로 보고 있습니다. 지난 60년 동안의 증가 추세보다는 덜하겠지만 UN에서는 장래 인구 증가는 대부분 저개발 지역에서 일어날 것으로 예측하고 있습니다. 2050년이 되면 약 90억 세계인구 가운데 저개발 지역의 인구가 80억 정도를 차지할 것이라고 하니 UN이 예상하는 미래 세계의 모습이 그리 밝지만은 않아 보입니다. 또한 UN에서는 저개발 지역 중에서도 가장 가난한 나라들을 골라 따로 'Least developed country'라고 부르고 있는데 2030년 정도 되면 그 나라 사람들의 수가 부유한 'More developed' 지역 인구를 추월할 것으로 예상하고 있습니다. 조금 더 세부적으로 본다면 대륙별로 볼 때 현재와 미래 모두 아시아 지역의 인구가 세계 인구에서 차지하는 비중이 가장 크기는 합니다만 인구성장률로 본다면 아프리카 지역이 가장 높습니다. 아프리카는 조출생률도 높고 영아사망률도 높으며, 평균수명 즉 출생 시 기대수명도 가장 낮습니다만 조사망률은 조만간 유럽보다 낮아질 것으로 예상하고 있습니다. 또한 UN에서는 아프리카 여러 나라의 경우 HIV/AIDS로 인한 사망률이 어느 정도일 것인가에 따라 나라 전체의 인구 구조가 달라질 것으로 예상하고 있습니다.

국가별로 볼 때 현재 세계 인구의 가장 큰 부분을 차지하는 나라는 중국, 인도, 미국, 인도네시아, 브라질, 파키스탄, 러시아 등입니다. 그런데 이러한 인구대국의 순위는 머지않아 바뀔 것이라고 합니다. 먼저 세계에서 인구가 가장 많아질 나라는 인도일 것으로 예상하고 있습니다. 그 시기는 대략 2030년 무렵일 것인데 그 때가 되면 중국 인구는 감소세로 돌아서겠지만 인도 인구는 계속 증가할 것이며 2050년에는 인도 인구가 16억 5천여 명으로 중국 인구보다 2억 이상 많아질 것이라고 합니다. 또한 2050년이 되면 주요 인구대국 가운데 유럽 국가는 하나도 없으며, 부유한 나라 중에는 미국이 유일하게 세계 3위의 지위를 유지할 것이라고 합니다. 하지만 여기서 우리가 유럽연합을 하나의 국가처럼 간주한다면 순위가 달라집니다. 2009년 현재 27개국으로 이루어진 EU의 인구는 4억 9천 8백만 명인데 2050년에도 4억8천만 명 정도로 여전히 인도, 중국에 다음 가는 중요한 인구대국일 것이라고 합니다.

한편 우리나라 뿐 아니라 세계적으로도 고령화는 공통된 추세입니다. 1950년 세계의 평균수명은 46세였지만 2005년~2010년에는 67세로 늘었습니다. 물론 부유한 나라와 가난한 나라의 평균수명은 서로 크게 달라서 선진국에서는 76.5세, 최빈국에서는 54.6세로 20년 이상 차이가 납니다. UN 자료에 따르면 2000년 세계 인구 가운데 60세 이상 인구의 비율은 10%였지만 2050년에는 22%에 달할 것이라고 합니다. 2007년 우리나라의 65세 이상 노령인구가 전체 인구에서 차지하는 비율은 9.9%였습니다. 같은 해에 이미 노령인구가 20%를 넘어 초고령사회가 된 나라들도 있는

데 일본과 독일이 대표적인 나라들입니다. OECD의 자료에 따르면 2007년 유럽연합의 노령인구 비율은 17.7%에 이르렀고 OECD 국가 전체로는 14.3%라고 합니다.[18] 고령화와 함께 전 세계적으로 인구의 도시 집중 현상도 계속될 것인데 인구 백만 명 이상인 도시의 수가 20세기 초에는 11개에 지나지 않았지만 1950년에는 80개 도시로 늘었고 1990년에는 276개, 그리고 2015년에는 550개 도시에 달할 것이라고 합니다.

앞서 영아사망률을 언급한 바 있는데 UN이나 OECD를 비롯한 국제기구에서는 세계 여러 나라의 보건위생 수준을 비교하기 위해 소아사망률child mortality rate, 또는 under-five mortality rate이라는 것도 내놓고 있습니다.

$$\text{소아사망률} = \frac{\text{만 5세 이전 사망 수}}{\text{총 출생 수}} \times 1{,}000$$

UN아동기금, 즉 UNICEF의 자료에 따르면 2007년 우리나라의 소아사망률은 5입니다. 즉 1,000명이 태어나면 그중 다섯 명이 만 5세를 못 넘기고 사망한다는 것이지요. 물론 이 값은 스웨덴, 일본 등의 값보다는 높지만 미국의 소아사망률 8이나 영국의 6과 비교했을 때 높은 편은 아닙니다. 그런데 그 자료에 따르면 소아사망률이 100을 넘는 나라들이 적지 않고 심지어는 아프가니스탄,

18 OECD, 〈OECD in Figures 2009〉, 2009, 6~7쪽.

차드, 적도기니처럼 200을 넘는 나라들도 있습니다. 세계평균은 얼마나 될까요? 68입니다. 북한은 55로서 남한보다 열한 배 높고 중국(22)보다도 높습니다.[19]

한편, UN개발계획UNDP에서는 1990년부터 해마다 특정한 주제를 정하여 〈인간개발보고서 *Human Development Report*〉를 발간하고 있습니다. 2009년 보고서HDR2009의 주제는 "인간의 이동과 개발Human mobility and development"이었습니다. 그 보고서에서는 이동을 자유의 기본적인 요소 중 하나라고 규정하면서 일자리, 교육, 정치적 자유 등을 위해 국경을 넘는 이동 뿐 아니라 국가 내에서의 이동을 여러 측면에서 다루고 있습니다. 통계와 지도를 써서 세계의 여러 모습을 보여주는 책 〈르몽드 세계사〉에서는 이주의 가장 큰 원인으로 빈곤과 실업을 꼽는 한편 불법노동력 수출, 이주여성들이 큰 비중을 차지하는 값싼 노동력시장, 성매매 등의 성장에 대해서도 언급하고 있습니다.[20]

19 Unicef, 〈Malaria and Children〉, 2009.

20 르몽드 디플로마티크, 〈르몽드 세계사〉, 권지현 옮김, 휴머니스트, 2008, 100~ 101쪽.

5. 인구조사와 인구통계의 활용

1 인구주택총조사

우리나라에서는 매년 9월 1일을 '통계의 날'로 정하여 각종 통계 행사를 펼치고 있습니다. 통계의 날은 우리나라 근대 통계의 시발점으로 평가되는 '호구조사규칙'이 시행된 1896년 9월1일을 기념하여 1995년에 제정되었는데 이 날이 되면 통계청의 주관으로 어린이 통계경진대회, 중학생 통계활용대회, 대학원생 통계논문 경진대회 등이 열립니다.

그렇다면 20세기가 시작되기 직전부터 우리나라에서는 총인구조사, 즉 센서스를 실시하였다는 말일까요? 아쉽게도 그렇지는 못했습니다. 우리나라에서 근대적인 센서스가 처음 실시된 것은 식민지 시대인 1925년이었습니다. 서구에서는 19세기가 시작될 무렵인 1800년을 전후한 시기에 각 나라별로 거의 일제히 센서스가 시작되었습니다만 일본의 경우만 하더라도 1920년에 처음으로 '국세조사國勢調査'라는 이름으로 인구조사를 실시하였습니다. 당시 센서스 참여를 독려하는 포스터를 몇 가지 구경해보기 바랍니다.[21] 일본의 포스터에는 "신고는 있는 그대로", "한 사람의 거짓이 만인의 진실을 죽인다."와 같은 글이 씌어있고 조선총독부에서 만든 포스터에는 신고할 사항(1925년), "올바른 신고는 모든 정치의 기초", "사실대로 써라 국세조사"와 같은 문구(1930년)가 들어 있습니다.

현재 우리나라에서는 5년마다(0과 5로 끝나는 해) 인구주택총조사를 실시하고 있는데 그 기준시점은 11월 1일 0시입니다. 그런데 총조사에서는 아무래도 많은 사항을 조사하기 어렵기 때문에 총조사와 병행하여 10% 정도의 가구를 골라 좀 더 많은 사항을 묻는 표본조사도 실시하고 있습니다. 그 결과를 모아 통계청 산하 연구기관인 통계개발원에서는 2008년에 2005년 인구주택총조사에 대한 종합적인 분석 보고서를 낸 바 있습니다.[22]

그런데 사실 "개인이 국가에 자신의 정보를 왜 제공해야 하는가?"라는 질문은 그리 간단한 질문이 아니기 때문에 국가가 시행하는 대규모 조사사업에 대해 누구나 긍정적인 반응을 보이는 것만은 아닙니다. 방문조사 대신 주민등록을 활용한 등록센서스라는 새로운 방법을 모색하고 있다는 통계청의 고민이 반드시 조사비용을 줄이는 데에만 있는 것은 아닐 것입니다.

21 박명규, 서호철, 〈식민권력과 통계-조선총독부의 통계체제와 센서스〉, 서울대학교 출판부, 2003, 79, 83, 84쪽.

22 통계개발원, 〈한국의 인구 · 주택-인구주택총조사 종합보고서〉, 2008.

〈그림 2-10〉
1920년 일본의
국세조사 포스터

〈그림 2-11〉
1925년 조선총독부의
국세조사 포스터

〈그림 2-12〉 1930년 조선총독부의 국세조사 포스터

〈그림 2-13〉 2005년 인구주택총조사 포스터

2 인구통계의 활용

우리나라에서 인구학이라는 분야가 어느 수준에 올라있는지 판단하기는 역부족입니다만 인구학 연구자들의 모임인 〈한국인구학회〉의 뉴스레터 등에 따르면 학회의 규모가 그리 크지 않을 뿐더러 그 활동도 국가나 사회의 인구정책에 지속적으로 상당한 영향을 미칠 정도에 이르지는 못한 것처럼 보입니다. 어쩌면 우리나라 대학에 〈인구학과〉와 같은 학과가 없고 인구학에 관심을 가진 연구자들이 사회학, 경제학, 사회복지학, 보건학 등 여러 사회과학 분야에 속해 있다 보니, 연구자들의 다양한 관심을 결속시켜 나가기가 어려운지도 모르겠습니다. 게다가 우리나라 통계학과에 있는 통계학 연구자들 중에 인구학 분야에 관심을 가진 사람은 거의 전무하다시피 한 실정인지라 인구학과 통계학 사이의 교류도 매우 보기 어려운 듯합니다.

인구 공부를 마치면서 마지막으로 인구에 대한 책을 몇 권 소개합니다. 우리는 저출산, 고령화, 출산공황, 인구 감소 등의 현안에 대한 언론 보도를 자주 접하고 있습니다만 도서관 책을 검색해보면 의외로 인구에 대한 책들이 그리 많지 않은 것을 알 수 있습니다. 대학 교재용 인구학 교과서들을 제외하고 살펴보았을 때 우선 눈에 띄는 책들이 인구의 실제적인 효용에 대해 알려주는 책들입니다. 예컨대 〈2018, 인구변화가 대한민국을 바꾼다－10년 후 대변혁을 가져올 44가지 미래 트렌드〉2008, 〈인구 변화가 부의 지도를 바꾼다–인구 구성 변화에 숨겨진 투자의 비밀〉2006, 〈통계를 알면 돈이 보인다〉2009, 〈대한민국에서 집 없는 부자로 살자: 통계로 본 아파트의 미래〉2009 등이 그러한 책들입니다. 제목을 보면 대략 내용을 짐작할 수 있겠지만 아주 거칠게 말해서 주식이나 부동산 투자 등 '부자 되는 길'을 위해 인구변화를 활용할 수 있다는 주장을 담은 책들입니다. 또한 인구통계에만 국한된 것은 아니지만 통계청에서는 우리 사회의 여러 변화를 통계를 통해 파악하고 그러한 변화에 부응하는 새로운 유망 사업 아이템을 모아 2007년부터 '블루슈머'라는 이름으로 발표하고 있습니다.

통계청의 설명에 따르면 '블루슈머'란 경쟁자가 없는 시장을 의미하는 블루오션Blue Ocean과 소비자Consumer의 합성어로 '블루오션의 새로운 소비자'를 뜻한다고 합니다. 보도자료를 통해 통계청이 발표한 2008년과 2009년의 블루슈머는 〈표 2-15〉, 〈표 2-16〉과 같습니다.[23]

23 통계청, 〈국가통계에서 찾아낸 2008 블루슈머 7〉, 2008; 〈국가통계에서 찾아낸 2009 블루슈머 10〉, 2009.

〈표 2-15〉 국가통계에서 찾아낸 2008 블루슈머 7

블루슈머 7	유망산업	국가통계
외동이 황금시대 (Gold Kids)	외동이들을 위한 차별화, 고급화 서비스 및 상품 예) 어린이 전용 펀드 상품, 헬스 전문기구점, 미용실, 감성 놀이 학교	· 총출생아 중 첫째 아이 비중 2000년 47.2%에서 2007년 53.5%로 증가
'부자처럼' 2030 (Almost Rich)	2030 명품 소비층을 위한 매스티지 상품 및 서비스 예) 실속형 수입차, 매스티지 상품	· 25~30대 가구 자동차 보유비율 66.7% · 25~29세 49% 고가품 보유
여행과 레저를 즐기는 장년층 (Passionate Senior)	장년층에게 젊은 감성과 문화를 제공하는 상품과 서비스 예) 미용성형, 두뇌게임, 실버여행, 오페라	· 50대가 전 연령대에서 교양오락비 중 교양오락서비스비 비중 최대 · 50대 교양오락서비스 비중 2003년 55.7%에서 2007년 60.8%로 증가
新 부부시대 (Married Romance)	부부만의 추억과 실용을 강조한 상품과 서비스 예) 리마인드 웨딩상품, 부부전용 금융상품	· 부부가구 급증 : 2007년 14.6%에서 2030년 20.7%로 증가 전망 · 60대 이상 고령층 60%, 자식과 함께 살고 싶지 않다.
요리하는 남편, 아이 보는 아빠 (At Home Dad)	남성 전업주부의 편의를 위한 상품 예) 홈메이드 이유식기, 아이 울음 분석기, 남성 전용 기저귀 가방, 다기능 고무장갑, 반조리식품	· 2007년말 집에서 아이를 돌보거나 살림을 맡고 있는 남성 14만 3천명 · 노동부 〈임금구조 기본통계조사〉 여성노동자 중 월급여 300만원 이상 수령자 2003년 5.54%에서 2007년 11.11%로 두배이상 증가
제 3의 가족 (Family-like Care)	가족처럼 따뜻한 돌봄 서비스 및 상품 예) 노인 말벗/산책 도우미, 방과 후 학습 지도 도우미, 노인을 위한 홈케어폰, 애완로봇 MOU, 애완산업	· 향후 늘려야 한다고 생각하는 복지서비스 1위 노인 돌봄 서비스(43.2%), 2위 맞벌이 및 한부모가구 자녀양육 서비스(24.7%)
공포에 떠는 아이들 (Scared Children)	어린 자녀의 안전을 위한 상품 및 서비스 예) 휴대폰 안심서비스, 경보기, 어린이 안전 관련 보험 및 경호서비스	· 13세 미만 아동 성폭력 사건 2003년 642건에서 2007년 1,081건으로 증가 · 2007년 실종어린이 수 8,602명

〈표 2-16〉 국가통계에서 찾아낸 2009 블루슈머 10

블루슈머 7	유망산업	국가통계
백수 탈출 (Job Seekers)	취업 및 창업을 지원하는 서비스 예) 진로 및 적성 검사 대행업, 이미지 컨설팅, 헤드헌터	· 2009년 1월 고용동향에 따르면 구직단념자 16만 5천명, 전년동월대비 4만 1천명 증가 · 취업준비자 52만 9천명
똑똑한 지갑족 (Smart Consumer)	합리적 소비를 돕는 상품과 서비스 예) 각종 대여업, 온라인 중고 장터	· 2008년 4분기 실질 월평균 가구 소득 302만 3000원으로 작년동기 대비 2.1% 감소 · 내구재의 경우 10조8560억원어치 팔려 전년 동기대비 −10.3% 기록
나홀로 가구 (Single Household)	1인 가구를 대상으로 하는 싱글산업 상품과 서비스 예) 1인용 소파, 소형 복합 가전, 미니 아파트	· 1인 가구 2009년 342만 가구(추계치)로 지난 1995년 이후 14년 동안 두 배 이상 증가
녹색 세대 (Green Generation)	친환경 및 에너지 절약 상품 예) 절수형 변기, 에너지 절약 램프	· 한국 온실가스 배출량, 2006년 5억 9950만tCO2, 1990년 대비 2배 증가
U 쇼핑시대 (Ubiquitous Shopping)	쇼핑몰 창업을 위한 상품과 서비스 예) 온라인 창업 컨설팅, 쇼핑몰 제품 촬영 대행, 스튜디오 대여	· 2008년 사이버쇼핑 규모가 사상 최대인 18조 1460억 원으로 지난해 보다 15.1% 증가
내나라 여행족 (Intrabound Traveler)	여행 관련 상품 예) 아웃도어 의류, 저가 국내여행 상품	· 2008년 내국인 출국자 수 1199만 6000여명으로 전년대비 10% 감소, 2003년 이후 5년 만에 첫 감소
자연愛 밥상족 (Love Organic Food)	유기농, 친환경 식사를 위한 상품과 서비스 예) 홈쿠킹 제품, 간이 텃밭용 화분 및 농기구	· 유해 식품과 식중독 때문에 먹거리가 '불안하다'는 응답 69.0% · 수입 농산물 불안도, 87.0%
아이를 기다리는 부부 (Baby Expecting Couple)	불임 방지 상품과 서비스 예) 불임 방지용 의자, 불임 방지용 남성 속옷, 불임 방지 요가 교실	· 불임으로 건강보험 진료를 받은 환자, 2001년 8만 734명에서 2007년 16만 4583명으로 꾸준히 증가
거울 보는 남자 (Grooming)	남성용 패션 및 메이크업 제품 예) 남성용 기능성 화장품, 액세서리, 몸매보정속옷	· 15~24세 남자 청소년들의 고민 중 외모가 9.9%로 3위차지
가려운 아이들 (Itchy Kids)	아토피 방지 상품 및 서비스 예) 새집증후군 예방 제품, 아토피 치료 캠프	· 인구 1000명당 아토피염 유병률, 2001년에서 2005년 760% 증가

다른 한편으로 인구 현상을 보다 다양한 측면에서 사회적인 문제로 살피고 인구변화를 통해 미래 세계의 모습을 그려보려는 책들도 보이는데 주로 번역서들입니다. 일본 책을 옮긴 〈인구가 세계를 바꾼다〉2008, 프랑스 책을 옮긴 〈인구학 입문〉2008, 독일 책을 옮긴 〈사라져가는 세대 : 출산율 감소와 인구 고령화, 그리고 인구학이 말하는 우리의 미래〉2006 등이 그러한 책들입니다. 예컨대 독일과 같이 외국에서 이민자를 많이 받아들이는 나라의 대표적인 인구통계학자가 "실력이 있는 독일인이 해외로 이민을 가고 대부분 수준이 낮은 외국인이 독일로 이민 오는 것은, 독일의 경제 발전에 득이 되는 것이 아니라 경제 몰락을 부르는 심각한 위험 요소이다."[24]라고 말할 때 우리는 이런 발언을 비판해야할까요, 아니면 수긍하고 수입해서 번역하여 그대로 되뇌어야할까요?

이런 수월치 않은 질문을 비롯하여 우리는 번역서를 통해 다른 나라의 역사와 고민, 시행착오, 그리고 대책들을 엿볼 수 있고 사고의 범위도 '전 지구적'으로 조금 넓혀볼 수도 있습니다. 우리나라에서도 돈벌이나 투자에 초점을 맞추는 대신 일반인이 읽을 수 있는 다양한 인구 분야의 교양 도서들이 더 많이 나오기 바랍니다.

24 비르크, H., 〈사라져가는 세대 : 출산율 감소와 인구 고령화, 그리고 인구학이 말하는 우리의 미래〉, 조희진 옮김, 플래닛미디어, 2006, 162쪽.

함께 생각해 봅시다

01 〈한국일보〉 인터넷판, 2009.12.8.에서는 "2014년이 되면 결혼적령기에 도달한 한국의 남성 중 20%는 신부를 찾지 못할 것"이라고 보도하였습니다. 결혼적령기를 남성은 29~33세, 여성은 26~30세로 잡을 때 결혼적령기 남녀 인구의 성비가 앞으로 어떻게 될지 통계청 자료를 써서 알아보시오.

02 인구문제를 이야기할 때 흔히 '저출산'과 '고령화'를 함께 묶어서 말하기 때문에 두 가지가 서로 밀접한 관계가 있는 것처럼 인식되기도 합니다. 한국의 출산율이 세계 최저 수준으로 낮아진 이유가 무엇인지 알아보고 과연 저출산과 고령화가 서로 어떤 관련이 있는지에 대해서도 알아보시오.

03 노령 인구 비율과 노년부양비를 우리나라의 광역시도별로 비교해서 살펴보시오. 또 노령인구 비율이 특별히 높거나 낮은 기초자치단체가 어떤 곳인지 알아보고 그런 곳에서 마련한 인구정책에 대해서도 알아보시오.

04 흔히 말하는 ‘수도권-비수도권’, 그리고 서울의 ‘강남-강북’과 같은 표현에서 보듯 사람이 사는 곳과 사회경제적 계층 사이에는 상당한 관련이 있습니다. 이러한 지역-계층의 격차를 드러낼 수 있는 통계지표에는 어떤 것이 있을지 알아보시오.

05 에이즈와 말라리아가 아프리카의 인구와 그곳 사회에 미치는 영향에 대해 알아보시오.

06 구 소련을 비롯하여 과거 사회주의권에 속한 나라들에서 사회주의 붕괴 이후 일어난 인구학적 변화에 대해 알아보시오.

07 유럽연합(EU)에 속한 회원국들에서 인구의 국제이동과 한국을 비롯한 동아시아에서의 국제이동을 비교하여 살펴보시오.

Part III

노 동

영국을 중심으로 산업혁명이 일어났던 19세기 초 유럽에서는 센서스를 비롯한 각종 사회조사 활동이 활발해졌습니다. 그런데 오늘날과 달리 그러한 통계 활동의 주역은 수학이나 통계이론으로 무장한 학자나 통계전문가가 아니었습니다. 오늘날 '통계운동statistical movement'이라고까지 일컬어지는 활동을 펼친 사람들은 지역 소상공인, 의사 등 매우 다양한 직업을 가진 사람들이었습니다. 거칠게 말해서 그들은 급속히 변화하는 당시 사회에서 나타난 사회문제들을 개선해보려 했던 사회개혁가들이라고 할 수 있겠습니다. 그들은 도시 노동자들의 비참한 생활상에 깊은 관심을 가졌고 아이들의 교육에 대해서도 지속적인 관심을 갖고 상당히 방대한 여러 조사 작업을 진행하였습니다.

당시 그들이 개선하려 했던 문제 가운데에는 아동노동 문제도 있었습니다. 지금이야 어린 아이에게 싼 임금을 주고 공장에서 일을 시킨다는 것은 생각하기도 어려운 일입니다만(물론 지금도 우리는 월드컵 축구경기가 열릴 때면 어디서 누가 어떤 노동조건 속에서 그 축구공과 축구화를 기웠는지 듣고 있기는 합니다), 산업화 초기에는 어린 아이들이 하루 종일 공장에서 일하는 것이 매우 흔한 일이었습니다. 물론 꼬마들이 누렇게 뜬 얼굴로 하루에 열 몇 시간씩 일에 매달려있는 모습이 비참한 광경이었음은 말할 나위도 없겠지요. 하지만 그 아이들의 가정경제로 보면 아이들이 벌어오는 수입이 무시 못 할 정도였음이 분명합니다. 따라서 아마 아이가 많은 집일수록 그 가정의 수입도 더 많았을 것이므로 아동노동은 인구증가에도 한 몫을 했을 겁니다.

어쨌든 아동들의 상황이 비참했던 것은 말할 필요도 없었으므로 여러 활동가들이 그러한 상황을 개선하기 위해 노력하였고 그런 노력에 힘입어 마침내 정부에서 아동노동을 규제할 방안을 마련하기 시작하였습니다. 그 방안이라는 것이 아동의 노동을 금하자는 것도 아니고 겨우 노동시간을 줄이자는 정도였습니다. 그런데 지금 돌이켜보면 어처구니없어 보일지도 모르지만 그 같은 정부의 움직임에 대해 적지 않은 반발이 있었습니다. 특히 자유주의자들은 시장경제활동에 대한 정부의 '과도한' 개입이 경제를 해칠 것이라며 극구 반대하고 나섰습니다('규제 철폐'라는 주장은 지금 한국에서도 너무나 자주 듣는 말이지요?).

그런 논란 과정을 거쳐 점차 의무교육이 실시되면서 아동은 공장에 가는 대신에 학교로 가게 되었습니다. 그러자 아이가 벌어오던 돈만큼 수입이 줄어들게 된 가난한 집에서는 어떤 변화가 생겼을까요? 적절한 피임 수단이 없어 수월치는 않았겠지만 어떻게든

밥그릇 숫자를 줄이기 위해 아이를 덜 낳으려 애쓰게 되었겠지요. 한편, 아동들을 형편없는 임금으로 부리며 이득을 얻던 공장주나 자본가들은 또 어떻게 되었을까요? 저임금 노동자를 잃고 공장 문을 닫아야 했을까요? 전혀 아닙니다. 노동에 찌들지 않아 건강하게 성장하고 학교에서 문자까지 익힌 아이들은 그 이전의 허약하고 까막눈이었던 노동자들과 한층 다른 고급 노동자가 되어 다시 자본가들에게 훨씬 큰 이득을 안겨 주는 기특한 역할을 하게 되었답니다. 20세기 구미 각국이 달성한 높은 생산성은 바로 이러한 노동자들의 변화에도 적지 않은 덕을 입었습니다.[1]

이 장에서는 실업과 비정규직을 중심으로 고용통계에 대해 공부해봅시다.

1 유종일, 〈한겨레〉 칼럼, 2006. 6. 26.

1. 경제활동인구조사

통계청에서 고용통계를 만들기 위해 실시하는 조사는 '경제활동인구조사'입니다. 이 조사는 전국 약 32,000개 표본가구를 대상으로 표본가구 내에 상주하는 사람 가운데 만 15세 이상인 사람을 조사대상으로 하여 매월 실시됩니다. 또한 1997년 외환위기 이후에는 비정규직 등 경제활동인구조사에 포함되지 않는 내용을 부가조사를 통해 알아보고 있으며 2008년부터는 지역의 고용상황을 파악하기 위해 시군구고용통계조사도 실시하고 있습니다.[2] 고용통계에서는 15세 이상 전체 인구를 취업자와 실업자 그리고 비경제활동인구로 나누는데 이 때 취업자와 실업자를 구분하는 기준은 〈표 3-1〉에서 볼 수 있듯 대체적으로 ILO(국제노동기구)에서 만든 기준을 따른다고 합니다. 그럼에도 불구하고 정부의 실업자 통계는 불신의 대상입니다. 공식실업률과 체감실업률에 대해서는 나중에 따로 공부할 것입니다.

그런데 임금이나 노동통계는 통계청에서도 만들지만 노동부에서도 유사한 통계들을 만들고 있습니다. 큰 차이점은 통계청에서

2 통계청 〈통계행정편람〉, 2008.

는 가구를 대상으로 조사하고 노동부에서는 사업체를 대상으로 조사한다는 점입니다. 조사 대상이 다른 만큼 임금의 정의도 달라지고 분석 결과들도 종종 다르게 나옵니다. 그러니 서로 다른 기관에서 나온 통계를 이용할 때에는 잘 분간해서 이용하기 바랍니다. 이 책에서는 주로 통계청의 자료를 이용합니다.

그런데 자료를 찾다보면 노동부든 통계청이든 정부기관에서는 '노동자'라는 용어 대신 모두 '근로자'라는 용어만을 쓰고 있다는 것을 알게 됩니다. 한국노동연구원과 같은 국책연구단체에서 내는 보고서들도 마찬가지입니다. 아마 한때 북조선노동당을 의식해서

〈표 3-1〉 ILO 기준과 한국의 고용 통계

	ILO 기준	한 국
1. 조사연령	• 취업이 가능한 일정연령 이상	• 15세이상 인구
2. 조사대상기간	• 1주일 또는 1일	• 매월 15일이 속한 1주간
3. 개념정의	• 취업자 및 실업자	• 취업자 및 실업자
• 경제활동인구 · 취업자	· 조사대상기간중 수입을 목적으로 1시간이상 일한 자 · 무급가족종사자는 각국의 실정에 맞게 최소노동 시간 설정	· 조사대상기간중 수입을 목적으로 1시간이상 일한 자 · 무급가족종사자는 주당 18시간이상 일한 자
· 실업자	· 원칙적으로 당초의 개념과 동일 단, 취업기회가 극히 제한된 곳에서는 구직활동 개념의 확대 적용(비구직 실업자의 확대 해석)	· 원칙적으로 ILO기준 적용
• 비경제활동인구	• 취업자와 실업자를 제외한 일정연령이상 인구	• 취업자와 실업자를 제외한 15세이상 인구

(출처 : 〈통계행정편람〉, 통계청, 2008, 562쪽)

노동이라는 말을 기피하였던 흔적이 남은 것이겠지요. 그런데 '근로자'라는 용어에서는 그냥 일하는 사람이라기보다는 '열심히' 일하는 사람이라는(또는 열심히 일해야 마땅한 사람이라는) 뜻이 느껴집니다. 그런 시각은 일을 하는 사람보다는 일을 시키는 사람이 가질 법한 시각이겠지요? 그런 이유로 저는 이 책에서 근로자라는 용어를 쓰지 않습니다. 통계청이나 노동부의 자료를 인용할 때에도 '근로자'라는 단어는 가능한 대로 '노동자'로 바꾸었습니다. 노동이라는 용어가 여태껏 그렇게 쓰기 거북하다면 정부에서 '노동부'라는 부처 이름을 왜 '근로부'라고 안 바꾸나 모를 일입니다.

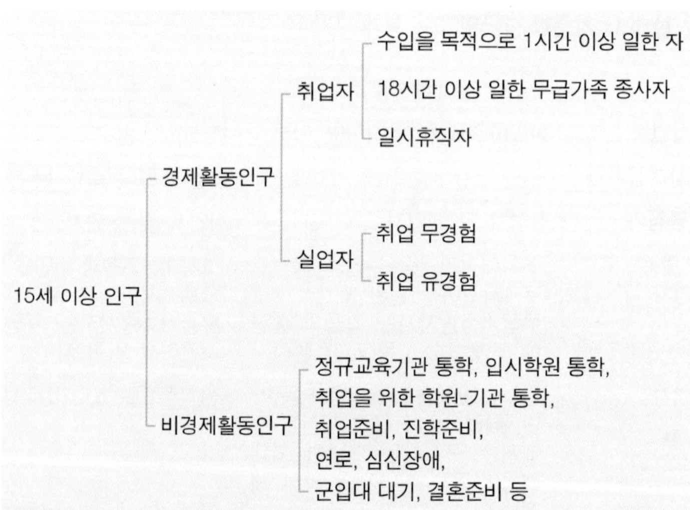

2. 주요 고용 통계 지표

〈표 3-2〉는 통계청에서 2009년 12월에 발표한 고용통계입니다. 이 표를 가지고 주요 고용통계 지표에 대해 공부해 봅시다.

〈표 3-2〉 고용통계

	2007	2008	2009 06월	2009 07월	2009 08월	2009 09월	2009 10월	2009 11월
15세이상 인구	39,170	39,598	40,078	40,125	40,168	40,201	40,236	40,277
경제활동인구	24,216	24,347	24,927	24,756	24,525	24,630	24,655	24,625
취업자	23,433	23,577	23,967	23,828	23,620	23,805	23,856	23,806
(취업자 증감)	282	145	4	−75	3	71	9	−10
실업자	783	769	960	928	905	826	799	819
비경제활동인구	14,954	15,251	15,151	15,369	15,643	15,571	15,581	15,652
경제활동참가율	61.8	61.5	62.2	61.7	61.1	61.3	61.3	61.1
남자 경활참가율	74	73.5	74.4	73.9	73.3	73.2	73.1	73.3
여자 경활참가율	50.2	50	50.5	50	49.3	49.8	50	49.5
고용률	59.8	59.5	59.8	59.4	58.8	59.2	59.3	59.1
실업률	3.2	3.2	3.9	3.7	3.7	3.4	3.2	3.3
구직단념자	108	147	153	172	178	155	154	156
취업준비자	546	535	599	625	644	612	586	561

(출처 : 통계청 e-나라지표, 2009. 12. 발표)

우리나라의 고용통계는 15세 이상 인구를 대상으로 작성됩니다. 그런데 Eurostat, OECD 등에서는 15세부터 64세 사이의 생산가능인구를 대상으로 고용통계를 만듭니다. 그러므로 여러 나라의 고용통계지표를 비교할 때에는 이 점을 유의해야 합니다.

15세 이상인구를 흔히 '생산가능인구' 또는 '노동가능인구' 등으로 부르는데 노동통계에서 15세 이상인구라고 할 때 그 연령대에 속하는 모든 사람을 일컫는 것은 아닙니다. 가령 현역군인, 공익근무요원, 전투경찰, 형이 확정되어 교도소에 수감되어 있는 사람, 외국인 등은 생산가능인구 안에 포함되지 않습니다. 반면에 학생은 포함됩니다.

1 경제활동참가율

경제활동참가율labor force participation rate이란 만 15세 이상 인구 중에서 취업자와 실업자를 합한 경제활동인구의 비율을 나타냅니다.

$$\text{경제활동참가율} = \frac{\text{취업자} + \text{실업자}}{\text{15세 이상 인구}} \times 100$$

$$= \frac{\text{경제활동인구}}{\text{15세 이상 인구}} \times 100$$

이 비율은 산업구조, 여성의 취업에 관한 사회의 인식, 청소년의 진학률, 여자들의 결혼연령과 출산자녀의 수, 가사노동에 대한 부담의 정도, 자녀들에 대한 육아 및 유아교육시설의 보급 정도 등에 따라 달라집니다. 앞에서 밝혔듯이 OECD와 같은 국제기구에서 이 비율을 계산할 때에는 분모에 15~64세 인구를 분모에 두고 경제활동참가율을 계산하기 때문에 그 값을 우리나라의 경제활동참가율과 바로 비교할 수 없습니다. 15세 이상 인구를 기준으로 계산한 2009년 11월의 경제활동참가율은 61.1%이지만 OECD방식으로 계산한 값은 66.0%로 더 높아집니다.

〈표 3-2〉를 보면 성별에 따른 경제활동참가율의 차이가 상당히 크다는 것을 알 수 있습니다. 그 차이는 거의 23~24 퍼센트 포인트 선을 유지하고 있습니다. 15세 이상 여성 가운데 절반 정도는 어떤 이유에서든 취업률을 구하는 식에서 아예 배제되어 있는 셈이니, 그만큼 우리나라 여성 중에 취업자도 아니고 실업자도 아닌 비경제활동인구에 속하는 사람이 많다는 것이지요.

한편 앞 장에서 공부한 노년부양비에서는 노인을 젊은 사람들이 부양해야할 부담스러운 존재로 상정하고 있습니다. 또한 우리는 여성의 절반이 비경제활동인구에 속한다는 것을 알게 되었습니다. 어쩌면 부양비를 이야기할 때 은연중에 우리는 남성 청장년층만을 생산가능인구로 간주하고 있었는지 모릅니다. 노인들이 일할 수 있도록, 여성들이 일할 수 있도록 사회를 바꾸어보면 부양비 걱정은 가벼워질 수도 있지 않을까요?

2 실업률

실업률이란 경제활동인구 중에서 실업자의 비율을 말합니다. 실업률을 계산할 때 15세 이상 인구나 생산가능인구 중에서 실업자 수를 헤아리는 것이 아님을 유의하기 바랍니다. 15세 이상 인구가 기준이 되는 고용통계 지표는 앞에서 공부한 경제활동참가율, 그리고 실업률에 이어 공부할 '고용률'입니다.

$$\text{실업률} = \frac{\text{실업자}}{\text{경제활동인구}} \times 100$$

$$= \frac{\text{실업자}}{\text{취업자} + \text{실업자}} \times 100$$

아래에서 살펴보듯 정부의 공식실업률과 사람들이 느끼는 체감실업률이 다르다는 지적이 많이 있습니다만 실업률은 여전히 고용통계에서 가장 중요한 지표입니다. 때로 100%에서 실업률을 뺀 수치를 '취업률'이라 부릅니다만 고용통계에서는 실업률이 취업률보다 훨씬 중요하게 취급됩니다.

실업률에는 원계열 실업률과 계절조정 실업률이 있는데 원계열 실업률은 위의 식처럼 실업자 수를 경제활동인구로 나누어 계산합니다. 그런데 농업이나 제조업, 건설업 등에서는 취업자와 실업자 수가 1년을 주기로 매년 반복되는 계절적 요인의 영향을 많이 받습니다. 따라서 원계열 실업률에 통계학적인 방법을 동원하여 계절적인 영향을 배제하고 구한 순수 실업률 즉, 계절조정 실업률을 가지고 시기별 실업을 비교하게 됩니다. 예를 들어 겨울에는 일자리가 줄어들어 실업률이 높아지므로 2009년 1월 전국의 원계열 실업률은 3.6%였지만 계절조정 실업률은 3.3%였습니다.

3 고용률

고용률employment rate, employment to population ratio이란 만 15세 이상 인구 중 취업자가 차지하는 비율을 말합니다.

$$\text{고용률} = \frac{\text{취업자}}{\text{15세 이상 인구}} \times 100$$

따라서 실업자가 존재하는 한 고용률은 경제활동참가율보다는 항상 작은 값이 됩니다. 분모에 경제활동인구가 들어가는 실업률과 비교했을 때 이 비율의 분모는 경제활동인구와 비경제활동인구를 모두 합친 인구에 해당합니다. 가령 경제상황이 매우 나빠져서 취업자 수도 크게 줄어드는 한편 구직 활동 자체를 포기하는 사람도 많아지는 경우를 생각해봅시다. 이 경우 분모와 분자가 동시에 작아지므로 실업률은 거의 변하지 않을 수도 있습니다. 하지만 고용률은 분자만 줄어들기 때문에 실업률보다 경기를 더 잘 나타내 줄 수도 있습니다.

고용률은 경제활동참가율과 마찬가지로 우리나라에서는 만 15세 이상 인구를 기준으로 계산하지만 Eurostat이나 OECD 같은 기구에서는 15~64세 사이 인구 중에서 취업자의 비율로 고용률을 구합니다. 따라서 여러 나라의 고용률을 비교할 때에는 그 정의부터 먼저 비교해야겠습니다.

지금까지 나온 고용지표를 다음과 같이 정리해볼 수 있습니다.

실업률 + 고용률 ≠ 100%.
실업률 + 경제활동참가율 ≠ 100%.
실업률 + 취업률 = 100%.
경제활동참가율 ≥ 고용률.

우리나라에서 성별 실업률을 구하면 항상 남성의 실업률이 여성 실업률보다 높습니다. 이를 두고 여성의 고용환경이 남성보다 더 낫다고 판단하면 곤란합니다. 실업률은 실업자 수를 경제활동인구로 나누어 구합니다. 그런데 경제활동인구는 15세 인구 전체가 아니고 거기서 비경제활동인구를 뺀 숫자입니다. 통계청 자료를 보면 금세 확인할 수 있듯 우리나라 여성 가운데에는 아예 실업률 계산의 대상조차 되지 못하는 비경제활동인구에 속하는 사람이 매우 많습니다. 그러므로 여성의 낮은 실업률이 고용상황이 여성에게 유리하다는 것을 말하는 것은 전혀 아닙니다.

고용은 경기와 밀접한 관계를 갖습니다. 그런데 최근에는 '고용 없는 성장'이라는 말을 자주 듣게 됩니다. 국내총생산GDP으로 대표되는 경제는 성장하는데 고용상황은 개선되지 않는 현상을 말하는 것이지요. 나중에 국민소득에 대해 공부하고 나서 실업률이나 고용률이 실질 국내총생산의 변화와 어떤 관련이 있는지 살펴보기 바랍니다.

3. 공식실업률과 체감실업률

고용통계를 볼 때 우리는 흔히 실업과 취업에만 주목하기 쉽습니다. 하지만 현실적으로 실업자와 진배없으면서도 공식 통계로는 실업자나 취업자에 속하지 않는 사람들도 적지 않습니다. 고용통계에 대해 조금 더 알아보기 위해 먼저 비경제활동인구에 속하는 사람들은 어떤 활동을 하는 사람들인지 살핀 다음, 경제활동인구에 속하지는 않지만 흔히 '사실상의 실업자'라고 일컬어지는 범주에 대해서도 살펴보겠습니다.

1 비경제활동인구

〈표 3-3〉은 통계청이 2009년 12월에 발표한 자료로서 2009년 11월의 비경제활동인구를 성별, 활동상태별로 나누어서 보여주는 자료입니다. 1천5백여만 명이 비경제활동인구에 속하는데 그들을 우선 남녀로 나누어 살펴보면 1대 2 정도로 여성이 압도적으로 많습니다. 활동상태별로 볼 때 여성 비경제활동인구 중 절반 이상이

육아와 가사 활동을 하고 있습니다. 학교나 학원에 통학하는 인구는 남녀가 서로 비슷합니다만 진학준비, 취업준비, '쉬었음' 등의 범주에서는 남성들이 여성보다 더 많습니다. 비경제활동인구에 관심이 있는 분이라면 이러한 통계를 연령별로 더 세분해서 살펴보아도 좋겠습니다.

〈표 3-3〉 성별, 활동상태별 비경제활동인구

	계		남자 (천명)	여자 (천명)
	수(천명)	%		
계	15,652	100.0	5,259	10,392
육아	1,560	10.0	6	1,554
가사	5,543	35.4	158	5,386
통학	4,362	27.9	2,269	2,093
(정규교육기관통학)	4,055	25.9	2,126	1,929
(입시학원통학)	69	0.4	46	23
(취업을 위한 학원 · 기관통학)	238	1.5	97	141
연로	1,602	10.2	904	698
심신장애	418	2.7	272	147
그 외	2,166	13.8	1,652	515
취업준비	323	2.1	206	117
진학준비	169	1.1	113	56
군입대대기	26	0.2	25	0
쉬었음	1,454	9.3	1,203	251
기타 등	196	1.3	105	91

(출처 : 통계청 국가통계포털, 2009. 12.)

2 사실상의 실업

앞서 보았듯이 1주일에 단 한 시간만 수입을 얻기 위해 일해도 그 사람은 실업자가 아닌 취업자가 됩니다. 우리는 흔히 정부에서 발표하는 공식실업률이 일상에서 느끼는 체감실업률보다 지나치게 낮다는 느낌을 종종 받습니다. 다음에 인용한 기사는 2009년 초에 나온 신문기사 중 일부입니다.

> 1월 실업자 84만8000명에 '쉬었음' 176만6000명과 구직단념자 16만5000명, 취업준비자 52만9000명, 주간 18시간 미만 취업자 중 추가 취업을 원하는 사람 15만2000명 등을 더한 '사실상 백수'는 346만 명으로 카드대란 당시(2003년 1월 217만7000명)의 1.6배에 해당하는 규모다.
>
> (국제신문, 2009.2.17.)

이 기사가 말하는 것은 단순히 실업자와 취업자만으로 고용현황을 파악하기는 어렵다는 것입니다. 사실 '쉬었음', '취업준비자'와 같은 범주에 속하는 사람들은 취업자도 실업자도 아닌 비경제활동인구에 포함되는 사람들입니다. 하지만 현실적으로 그 사람들이 '그냥 쉬고' 있거나 취업준비를 하고 있는 이유는 대부분 직장을 구하지 못했기 때문이므로 비록 실업자 통계에 잡히지는 않지만 실업자와 다름없다는 것이지요. 여기서 비경제활동인구에 속하는 몇 가지 범주와 사실상의 실업이라고 볼 수 있는 범주에 대해 알아봅시다. 정부의 공식실업률과 사람들이 느끼는 체감실업률의 차이를 메우기 위해 통계청에서는 여러 가지 보완 통계들을 만들고 있습니다. 위의 기사에서 '사실상의 백수'에 속한다고 일컫는 사람들, 즉 '쉬었음', 구직단념자, 취업준비자 등이 바로 그러한 경우입니다.

먼저 '구직단념자'에 대해 알아봅시다. 구직단념자discouraged worker 통계는 유휴 노동인력의 규모를 알아보기 위해 작성되는 것으로 경기하강이나 상승기에 노동인력의 유휴정도를 측정하여 실업과 고용 대책을 세우는 데 활용됩니다. 그런데 구직단념자에 대해서는 ILO 등에서 마련한 구체적인 정의가 없기 때문에 각 나라에서는 상황에 따라 이를 서로 다르게 정의하고 있습니다. 이처럼 국제기구에서 공인된 정의가 없다는 것은 구직단념자 통계가 정치적인 의도에 따라 바뀔 수도 있다는 뜻이겠습니다. 실제로 미국에서는 1992년에서 1993년 사이에 110만 명에 달하던 구직단념자의 수가 1994년 1월에는 거의 절반 수준인 60만 명으로 뚝 떨어진 사례가 있습니다. 그 이유는 미국의 고용상황이 갑자기 호전되었기 때문이 아니고 구직단념자의 분류기준을 정부에서 변경한 덕분이었습니다. 당연히 정치인들은 그러한 결과를 자신을 홍보하는

데에 이용하였겠지요.

우리나라에서는 "취업의사와 능력은 있으나, 노동시장적 사유로 일자리를 구하지 않은 자 중 지난 1년 내 구직경험이 있었던 사람"을 구직단념자로 간주하고 99년 11월부터 조사 결과를 발표하고 있습니다. 유의할 점은 이들이 비록 일자리는 없지만 조사에서 정한 구직 기간 동안 적극적인 구직 활동을 하지 않았기 때문에 실업자에 포함되지 않고 비경제활동인구의 일부로 분류된다는 점입니다. 통계청 발표에 따르면 우리나라에서 2008년 1월에 12만3천 명이었던 구직단념자 수가 1년 뒤인 2009년 1월에는 16만5천 명으로 늘었으며 같은 해 8월에는 17만 8천명에 이르렀다고 합니다. 우리나라의 비경제활동인구 가운데 '취업준비자'에 속하는 사람의 수도 적지 않습니다. 2009년 8월 통계를 보면 그 수가 64만 명을 넘는 것을 알 수 있습니다. 이들 역시 실업자가 아닙니다.

다음으로 '불완전 취업'underemployment에 대해 알아봅시다. ILO에서는 불완전취업을 "취업자의 생산적 능력이 불충분하게 활용되는 상황"이라고 포괄적으로 정의하고 있습니다. 따라서 구직단념자와 마찬가지로 불완전취업에 대해서도 분명한 국제적 기준이 없는 상태입니다. 우리나라에서는 취업자 동향 발표 때 취업시간대별로 취업자 수를 발표하고 있고 또 36시간 미만 취업자에 대해서는 36시간 미만밖에 취업할 수 없었던 사유, 추가취업, 전직

희망여부를 조사하고 있습니다. 이 조사결과에 따라 통계청에서는 1998년 5월분 고용동향부터 "경제적 이유(일거리가 없어서, 사업부진)로 18시간 미만 일하였으며 추가취업을 희망하는 사람"의 수를 발표하고 이들을 불완전취업자로 분류하고 있습니다. 그런데 비록 일하는 시간은 짧지만 이들은 실업자가 아니고 엄연한 취업자에 속합니다. 한편 조사에 '쉬었음'이라고 답한 사람들도 실업자가 아니고 비경제활동인구에 포함됩니다.

흔히 노동력을 연령에 따라 좀 더 세분해서 살펴보기도 하는데 15~29세를 청년 노동력, 30~54세를 기간 노동력primary labor force, 55세 이상을 노년 노동력이라고 부릅니다. 따라서 15~29세에 속하는 경제활동인구 중 실업자의 비율을 '청년실업률'이라고 부릅니다. 물론 학생은 경제활동인구에 속하지 않기 때문에 청년실업률의 계산 대상이 아닙니다. 또 교육이나 훈련도 받지 않고 일도 하지 않는 젊은 사람들을 일컬어 NEETNot in Education, Employment or Training이라고 부르기도 합니다. 청년실업률은 어느 나라에서나 전체 실업률보다 보통 2~3배씩 더 높습니다. 청년실업률을 연구한 결과에 따르면 우리나라의 청년실업률이 높은 것은 청년들이 취업을 하지 못해서가 아니고 취업 후 빈번히 직장을 옮기기 때문이라고 합니다. 따라서 인턴제도 등 일자리를 늘이려는 시도보다는 청년들의 이직을 줄이는 정책이 청년실업률을 낮추는데 효과적일 것이라는 것이지요.[3]

한편 사회복지 분야에서는 최근 '근로빈곤층Working poor'에 대한 논의도 자주 하고 있는 것 같습니다. 이름 그대로 취업자이기는 하지만 빈곤선 부근의 낮은 소득밖에 얻지 못하는 사람들을 말합니다. 우리나라의 이야기는 아닙니다만 미국의 저널리스트가 여러 해 동안 참여관찰한 결과를 가지고 '열심히 일하는 사람이 가난해져서는 안 되는 나라' 미국의 근로빈곤층에 대해 쓴 책을 보면 통계 숫자가 전혀 보여줄 수 없는 새로운 빈곤의 특성이 잘 나타나 있습니다.[4]

---

3 남재량, 〈노동시장의 동태적 특성에 관한 연구〉, 한국노동연구원, 2008, 28~29쪽.

4 쉬플러, 데이비드, 〈워킹푸어, 빈곤의 경계에서 말하다〉, 나일등 옮김, 후마니타스, 2009.

4. 취업자의 분류

1 종사상 지위에 따른 분류

앞에서 우리는 경제활동인구와 비경제활동인구에 대해 살펴보았는데 이번에는 경제활동인구 가운데 취업자를 고용통계에서 어떻게 분류하는지 알아봅시다. 통계청에서는 취업자를 산업별로, 직업별로, 그리고 종사상 지위별로 나누어서 분류하고 있습니다. 여기서 실제로 일하고 있는 신분 또는 지위상태를 '종사상 지위'라고 부르는데 이 기준에 따르면 취업자는 〈표 3-4〉와 같은 6가지 범주로 구분됩니다(자영자와 고용주를 합쳐서 '자영업자'라고도 부르는데 이럴 경우 범주는 5가지로 줄어듭니다).

먼저 취업자는 임금노동자와 비임금노동자로 크게 구분됩니다. 우리는 보통 임금노동자가 취업자의 대다수일 것이라고 생각하지만 우리나라는 자영업의 비중이 상당히 높은 나라로서 비임금노동자가 취업자 중에서 차지하는 비중이 30%를 웃돕니다. 임금노동자는 말 그대로 회사 등에 고용되어 노동력을 제공하고 그 대가로 임금을 받는 사람을 말하는데 다시 상용노동자, 임시노동자, 그리고 일용노동자로 나뉩니다. 표의 설명에서 알 수 있듯이 고용의 안정성은 상용, 임시, 일용노동자라는 순서에 따라 낮아진다고 보면 되겠습니다.

〈표 3-4〉의 분류에 따르면 우리가 보통 취업자라고 여기는 노동자들, 즉 장기간 고용되어 전일제로 일하는 사람들은 임금노동자 중에서도 상용노동자에 가깝습니다. 그런데 알고 보면 우리나라에서 상용노동자의 수는 취업자 가운데 절반에도 못 미칩니다. 통계청에서 내놓은 2009년 11월 고용통계를 보면 상용노동자는

〈표 3-4〉 종사상 지위에 따른 노동자의 분류

취업자	임금노동자	상용노동자	고용계약기간이 1년 이상인 자 또는 특별한 고용계약이 없어 기간이 정해져 있지 않더라도 계속 정규직원으로 일하면서 상여금, 수당 및 퇴직금 등의 수혜를 받는 자
		임시노동자	임금노동자중 상용이 아닌 자로 고용계약 기간이 1개월 이상 1년 미만인 자 또는 일정한 사업완료의 필요성에 의해서 고용된 자
		일용노동자	임금 또는 봉급을 받고 고용되어 있으며 고용계약기간이 1개월 미만인 자, 또는 일정한 사업장 없이 떠돌아다니면서 일한 대가를 받는 사람
	비임금노동자	자영자	유급종업원 없이 자기 혼자 기업이나 농장 등을 경영하는 자, 또는 상점이나 전문적인 직업을 독립적으로 경영하는 자
		고용주	유급종업원을 한 사람 이상 두고 기업을 경영하거나 농장을 경영하는 자
		무급가족 종사자	자기에게 직접 수입이 오지 않더라도 자기가구에서 경영하는 농장이나 사업체의 수입을 높이는 데 18시간 이상 도와준 자

(출처 : 통계청)

〈표 3-5〉 2009년 11월 고용현황

(단위 : 천 명)

<table>
<tr><td rowspan="7">15세
이상
인구
40,277</td><td rowspan="6">경제활동인구
24,625
(61.1%)</td><td rowspan="5">취업자
23,806</td><td rowspan="3">임금노동자
16,790</td><td>상용노동자 9,603</td></tr>
<tr><td>임시노동자 5,256</td></tr>
<tr><td>일용노동자 1,931</td></tr>
<tr><td rowspan="2">비임금노동자
7,016</td><td>자영업자 5,696</td></tr>
<tr><td>무급가족종사자 1,320</td></tr>
<tr><td colspan="3">실업자
819</td></tr>
<tr><td colspan="4">비경제활동인구
15,652 (38.9%)</td></tr>
</table>

(출처 : 통계청, 〈2009. 11. 고용동향〉)

임금노동자 중 57.2%, 전체 취업자 중에서는 40.3%에 지나지 않습니다.

그런데 지난 1990년대 후반에 있었던 외환위기 이후 우리가 언론 보도 등을 통해 더 자주 접하는 분류는 이러한 종사상 지위에 따른 분류가 아니고 정규직, 비정규직이라는 분류입니다. 종사상 지위에 따른 분류 범주 가운데 임시노동자와 일용노동자는 거의 그대로 비정규직에 포함되고 상용노동자는 대부분 정규직일 것이라고 생각하기 쉽습니다만 현실적으로 반드시 그렇지는 않습니다. 통계청에서 2009년 11월에 발표한 〈표 3-6〉을 보십시오.

2009년 8월 임금노동자 1,647만 9천여 명 중 비정규직은 575만 명, 정규직은 1,073만 명 정도이고 상용직노동자는 947만여 명으로서 정규직 노동자 수가 상용노동자 수보다 더 많습니다. 정규직이면서 상용직이 아니고 임시, 일용직으로 일하는 사람의 수가 300만 명을 넘나드는 상당한 규모인데 노동계에서는 임금이나 노동조건 등을 감안할 때 이들은 정규직보다는 비정규직에 더 가깝다고 보고 있습니다. 국책연구기관인 한국노동연구원의 연구원이 내놓은 연구에서도 이러한 점은 잘 드러납니다. "2006년 정규직의 시간당 임금은 9,590원으로 정규직의 임금을 100%로 봤을 때 정규상용직은 112%, 정규임시·일용직은 55.2%, 비정규직은 71.0%의 임금을 받는 것으로 나타났다. 정규임시·일용직의 임금수준은 비정규직의 수준에도 미치지 못하는 매우 낮은 수준이다."[5]

〈표 3-6〉 정규직, 비정규직의 종사상 지위

(단위 : 천 명)

	2008. 8			2009. 8		
	상용	임시	일용	상용	임시	일용
임금노동자	9,107	4,970	2,027	9,472	5,117	1,890
A) 정 규 직	7,498	2,806	354	7,829	2,565	331
B) 비정규직	1,609	2,164	1,673	1,643	2,552	1,559
a) 한시적	1,453	1,267	569	1,492	1,589	426
기간제	1,201	765	400	1,365	1,196	255
비기간제	252	502	169	126	394	172
b) 시간제	22	578	629	51	750	625
c) 비전형	370	829	938	457	843	983

(출처 : 통계청, 〈2009년 8월 근로형태별 및 비임금 근로 부가조사 결과〉, 2009. 11.)

5 정성미, "정규직의 사각지대", 〈월간 노동리뷰〉, 26호, 한국노동연구원, 2007, 34쪽.

그러므로 이들의 존재는 "비정규직 노동자 수가 지난달에 비해 줄었다."와 같은 정부 발표를 액면 그대로 받아들이지 말아야할 중요한 이유가 됩니다. 그리고 상용노동자 중에서 164만여 명은 비정규직이며 임시노동자 중 절반 정도가 정규직입니다. 하지만 일용노동자 중에는 비정규직이 절대 다수를 차지하고 있습니다. 아래에서 비정규직에 대해 더 알아봅시다.

2 비정규직

'비정규직'이라는 용어는 우리가 고용에 대해 이야기할 때 흔히 사용하고 있는 용어입니다. 그런데 그 정확한 정의는 잘 알려져 있지 않은 듯 보입니다. 사실 근래 들어 비정규직이 늘어나는 추세가 우리나라에서만 볼 수 있는 일은 아닙니다. 세계화를 위시한 여러 변화의 과정에서 기업들의 활동과 경쟁 무대가 국내시장을 벗어나 세계로 확대된 결과 정규직 중심의 고용 형태에도 큰 변화가 일어나게 되었습니다. 이른 바 '노동의 유연화'라는 표현에서 볼 수 있듯 기업 입장에서는 필요할 때 사람을 고용해서 쓰고 상황이 바뀌면 쉽게 내보낼 수 있는 방식을 점점 선호하게 된 것이지요.

그에 따라 기간제나 임시직, 그리고 일하는 곳과 소속된 곳이

다른 파견, 용역 등의 간접 고용, 나아가 아예 소속도 없는 특수고용직 등이 늘어나게 되었습니다. 사실 '비정규직'이라는 용어 자체만 하더라도 우리나라에서는 지난 1990년대 말 이전에는 듣기 어려운 말이었고, 지금은 이미 흔해진 파견 노동이 법적으로 금지된 상태였다가 허용된 것도 알고 보면 그때 이후였습니다. 그 이전에는 당연히 비정규직 통계도 사실상 없었겠지요. 물론 세계 모든 나라에서 비정규직이 늘어나는 현상을 쉽게 받아들인 것은 아니고 프랑스를 비롯한 몇몇 국가에서는 높은 실업률에도 불구하고 여전히 정규직 중심의 고용 형태를 고수하고 있다고 합니다.[6]

그런데 알고 보면 실업률 통계와 함께 비정규직 통계도 대표적인 불신의 대상인데 그 이유 중 하나는 어떤 노동자가 비정규직인가에 대해 세계적으로 널리 받아들여지는 정의가 없는 실정이기 때문입니다. 심지어는 우리나라에서 '비정규직'이라고 부르고 있는 용어 자체도 영어로는 'atypical' 'nonstandard', 'insecure' 등 여러 가지가 있다고 합니다.[7] 우리나라에서는 김대중 정권 시절 "21세기 지식정보화 사회의 새로운 경제 환경, 외환위기로 초래된 경제위기의 극복과정, 산업구조의 다변화·고도화 경향 속에 다양한 형태의 비정규 근로가 증가하는" 추세에 대응하여 노사정위원회에서 〈비정규직노동자 대책특별위원회〉를 만들어 "비정규 노동

6 장귀연, 〈비정규직〉, 책세상, 2009, 98~111쪽.

7 위의 책, 14~15쪽.

자의 권익보호와 노동시장의 장기적 발전을 기하기 위한 법과 제도개선 등을 논의"한 바 있습니다. 그 결과 노사정위원회에서는 비정규직을 다음과 같이 정의하였습니다.

- 비정규 노동자는 각각의 개별적 고용형태에 따라 분류할 수 있으며, 고용계약기간, 근로제공의 방식, 고용의 지속성, 근로시간 등 국제적 기준과 아울러 우리나라 특성을 고려하는 다차원적인 기준에 의거 파악되어야 한다.
- 우리나라의 비정규 노동자는 1차적으로 고용형태에 의해 정의되는 것으로 ① 한시적노동자 또는 기간제노동자, ② 단시간노동자, ③ 파견·용역·호출 등의 형태로 종사하는 노동자를 대상으로 한다.

이러한 기준에 따라 통계청에서는 해마다 경제활동인구조사 결과를 발표하면서 비정규직 노동자의 수를 비롯한 여러 가지를 발표하고 있습니다. 그런데 문제는 비정규직이라는 것이 엄밀하게 정의하기 어려운 것이다 보니 통계청의 발표와 민간 연구기관의 발표가 서로 크게 달라지기도 합니다. 예컨대 비정규직의 규모와 전체 임금노동자 중에서 비정규직이 차지하는 비율에 대한 통계를 살펴봅시다.

〈표 3-7〉 비정규직의 규모

(단위 : 천 명)

	수(천명)						비율(%)					
	2004	2005	2006	2007	2008	2009	2004	2005	2006	2007	2008	2009
임금노동자	14,584	14,968	15,351	15,882	16,104	16,479	100	100	100	100	100	100
정규직	9,190	9,486	9,894	10,180	10,658	10,725	63	63.4	64.5	64.1	66.2	65.1
비정규직	5,394	5,483	5,457	5,703	5,445	5,754	37	36.6	35.5	35.9	33.8	34.9
한시적	3,597	3,615	3,626	3,546	3,288	3,507	24.7	24.2	23.6	22.3	20.4	21.3
*기간제	2,491	2,728	2,722	2,531	2,365	2,815	17.1	18.2	17.7	15.9	14.7	17.1
시간제근로	1,072	1,044	1,135	1,201	1,229	1,426	7.4	7	7.4	7.6	7.6	8.7
비전형근로	1,948	1,907	1,933	2,208	2,137	2,283	13.4	12.7	12.6	13.9	13.3	13.9

(출처 : 통계청 e-나라지표, 사회-노동-고용)

〈표 3-8〉 비정규직의 규모

	수(천명)						비율(%)					
	07년 3월	07년 8월	08년 3월	08년 8월	09년 3월	09년 8월	07년 3월	07년 8월	08년 3월	08년 8월	09년 3월	09년 8월
임금노동자	15,731	15,882	15,994	16,104	16,076	16,479	100.0	100.0	100.0	100.0	100.0	100.0
정규직	6,946	7,268	7,414	7,707	7,665	7,934	44.2	45.8	46.4	47.9	47.7	48.1
비정규직	8,785	8,614	8,580	8,397	8,411	8,545	55.8	54.2	53.6	52.1	52.3	51.9
임시근로	8,623	8,431	8,338	8,225	8,279	8,384	54.8	53.1	52.1	51.1	51.5	50.9
장기임시근로	5,071	4,983	4,941	4,868	4,726	4,677	32.2	31.4	30.9	30.2	29.4	28.4
한시근로	3,552	3,448	3,396	3,357	3,552	3,706	22.6	21.7	21.2	20.8	22.1	22.5
(기간제근로)	2,614	2,531	2,293	2,366	2,559	2,816	16.6	15.9	14.3	14.7	15.9	17.1
시간제근로	1,231	1,202	1,301	1,229	1,317	1,426	7.8	7.6	8.1	7.6	8.2	8.7
호출근로	914	846	940	818	854	883	5.8	5.3	5.9	5.1	5.3	5.4
특수고용	643	635	602	595	632	637	4.1	4.0	3.8	3.7	3.9	3.9
파견근로	175	175	172	139	131	165	1.1	1.1	1.1	0.9	0.8	1.0
용역근로	584	592	617	641	575	622	3.7	3.7	3.9	4.0	3.6	3.8
가내근로	154	125	151	65	69	99	1.0	0.8	0.9	0.4	0.4	0.6

(한국노동사회연구소)

먼저 통계청에서 내놓은 비정규직 통계입니다. 〈표 3-7〉의 통계에 따르면 해마다 조금씩 차이가 있습니다만 전체 임금노동자 가운데 비정규직은 대략 35% 내외입니다. 정부에서는 2009년의 경우 임금노동자 1천647만9천명 가운데 5백75만4천명을 비정규직으로 보고 있다는 것이지요.

〈표 3-8〉은 한국노동사회연구소에서 내놓은 비정규직통계입니다.[8] 〈표 3-7〉과 〈표 3-8〉에서 모두 합계가 정확히 일치하지 않는 이유는 같은 사람이 여러 범주에 중복해서 들어있기도 한 때문입니다. 통계청 자료에는 2004년 이후 연도별 자료가 들어있는 반면 이 자료에는 2007년 이후 매년 3월과 8월 두 차례 통계가 담겨있습니다. 통계청의 자료는 한국노동사회연구소 자료 중 매년 8월 통계에 해당합니다. 한국노동사회연구소에서는 이러한 통계를 작성하기 위해 독자적인 조사 작업을 벌이지는 않고 통계청에서 발표하는 경제활동인구조사 결과를 편집하여 통계를 만듭니다.

두 표를 비교해보면 전체 임금노동자의 수는 동일합니다만 정규직과 비정규직의 수는 서로 크게 다르다는 것을 알 수 있습니다. 통계청에서는 한시적근로기간제 포함와 시간제근로, 그리고 비전형근로를 합하여 비정규직 노동자 수를 헤아립니다. 반면 한국노동사회연구소에서는 '장기임시근로'라는 분류를 추가하여 그 분류에 속하는 사람 수와 한시적 노동자 수를 합하여 '임시근로'라고 부르

8 김유선, 〈비정규직 규모와 실태〉, 한국노동사회연구소, 2009. 11.

고 있습니다. 그런데 장기임시노동자로 분류한 사람 수가 무척 많기 때문에 두 기관의 비정규직 노동자 수가 큰 차이를 보이게 되었습니다.

당연히 통계청을 비롯한 국가 기관에서도 이러한 차이에 대해 알고 있습니다. 문제가 되는 '임시근로' 노동자들을 어떻게 규정할 것인가를 두고 노사정위원회에서도 고민을 했던 모양입니다. 2002년에 노사정위원회가 만들고 노동부와 통계청 등 정부부처들이 사용하고 있는 범주는 '취약근로자'라는 것인데 정규직이면서 노동조건은 비정규직과 다름없는 사람들을 말합니다. 통계청의 설명을 들어보십시오. "노사정 합의에서는 근로지속이 가능한 무기계약근로자이기 때문에 정규직으로 분류되지만, 종사상 지위가 임시직 또는 일용직에 속하여 고용이 불안정하고 사회적 보호가 필요한 근로계층이 광범위하게 존재한다는 점을 인식하고 이를 '취약근로자'로 파악키로 함"이라고 말하고 있습니다(통계청 e-나라지표). 그런데 아마 독자들께서도 '취약근로자'라는 용어를 자주 들어보지 못했을 텐데 정부의 노력에도 불구하고 현실적으로 이 범주는 별로 인기가 없어 보입니다.

〈표 3-9〉를 보면 그 차이를 더 잘 이해할 수 있습니다.[9] 표에서 ①에 해당하는 부분이 가장 관건이 되는 곳입니다. 정부에서는 한시근로, 시간제근로, 파견근로, 용역근로, 가내근로, 호출근로, 특

9 김유선, 〈비정규직 규모와 실태〉, 한국노동사회연구소, 2009. 11., 33쪽.

수고용형태 일곱 가지를 비정규직으로 간주합니다. 이에 반해 노동사회연구소에서는 '장기임시근로'라고 부르는 ①도 비정규직에 포함시킵니다. '장기임시근로'란 고용계약을 맺지 않고 장기간 임시직으로 사용하는 장기임시노동자permanent temporary worker, long-term temps, permatemps 이외에, 업체 비소속 자유노동자casual worker 계절노동자seasonal worker 등을 포괄하는 개념으로서 정부 통계에서는 사용하지 않는 범주입니다. 그 구성비를 살펴보면 기혼여성, 중졸이하 노동자들이 많은데 이들은 임금, 노동시간 등 모든 측면에서 비정규직 중에서도 가장 열악한 노동조건에 처해 있는 사람들입니다. 통계청에서 이처럼 많은 기혼여성 노동자들을 정규직 범주에 넣고 있는 것에 대해 "한쪽에는 주로 기혼여성을

〈표 3-9〉 비정규직 규모 추계 방식

(단위 : 천 명, %)

<table>
<tr><th colspan="3" rowspan="2"></th><th colspan="2">본조사</th><th rowspan="2">소계</th></tr>
<tr><th>상용</th><th>임시일용</th></tr>
<tr><td rowspan="2">부가조사</td><td>설문문항 없음</td><td>(전형)</td><td>④
7,934(48.1)</td><td>①
2,705(16.4)</td><td>①+④
10,639(64.6)</td></tr>
<tr><td>한시, 시간제, 파견, 용역, 가내, 호출근로, 특수고용형태</td><td>(비전형)</td><td>③
1,538(9.3)</td><td>②
4,301(26.1)</td><td>②+③
5,839(35.4)</td></tr>
<tr><td colspan="3">소계</td><td>③+④
9,472(57.5)</td><td>①+②
7,006(42.5)</td><td>16,478(100.0)</td></tr>
</table>

비정규직=①+②+③, 노동부 등 비정규직=②+③, 통계청 임시일용=①+②

(출처 : 2009년 8월, 노동사회연구소)

착취해 이윤을 얻는 신자유주의 자본이 있고, 다른 쪽에서는 정부가 이를 묵인하거나 제도적으로 보장해주고 있는 격이다."라는 비판도 있습니다.[10]

우리는 이처럼 비정규직의 범위 자체가 논란거리임을 기억해야겠습니다. 꽤 여러 해 전인 2005년 10월에 있었던 일입니다만 노동부에서 비정규직 노동자의 숫자가 감소했다고 발표했다가 금세 그 발표를 번복하고 노동부장관이 직접 사과까지 하는 일도 있었습니다. 이처럼 논란이 많습니다만 아래에서는 일단 정부의 자료를 중심으로 비정규직과 정규직의 차이들을 살펴보겠습니다.

3 정규직, 비정규직

먼저 임금에 대해 조금 살펴본 다음 정규직과 비정규직 이야기로 넘어갑시다. 임금은 정액급여, 초과급여, 특별급여 세 가지로 구성됩니다. 정액급여는 다시 기본급과 통상적 수당, 기타 수당으로 나뉘는데 그 가운데 기본급과 통상적 수당을 합친 것을 '통상임금'이라고 부릅니다.

10 〈한겨레21〉, 제781호, 2009.10.16.

임금	정액급여	기본급
		통상적 수당
		기타 수당
	초과급여	
	특별급여	

여기서 정액급여란 노동계약, 단체협약 또는 사업체의 급여규칙 등으로 정상노동시간에 대하여 지급하기로 미리 정해진 임금을 말합니다. 또한 기본급은 본봉, 능률급, 근속급 등 기본적으로 지급되는 급여를 말하며 통상적 수당이란 단체협약, 노동계약, 취업규칙 등의 규정에 의하여 통상근로에 대하여 일정한 요건에 따라 모든 노동자에게 정기적, 일률적으로 지급하는 수당을 말합니다. 여기에는 직무, 직책, 자격, 책임자, 금융, 물가, 조정, 특수 작업, 위험 작업, 벽지, 한랭지, 생산 장려, 기술, 승무 수당 등이 포함됩니다. 이 수당은 기본급과 함께 통상 임금에 포함됩니다. 그리고 기타 수당은 통상임금에 포함되지 않는 고정적 수당으로서 가족, 정근, 근속, 통근, 연월차, 주택, 결혼, 월동, 김장, 급식수당, 현물급여 등이 포함됩니다.

초과급여란 이름 그대로 정상근로시간 외의 근무로 인하여 추가로 지급되는 급여로서 연장, 야간, 휴일, 일직과 숙직수당 등이 포함됩니다. 마지막으로 특별급여는 정기 또는 부정기적으로 지급되는 특별한 급여로서 상여금, 기말수당, 3개월을 초과하는 기간마다 산정 지급하는 수당 등이 포함됩니다. 이처럼 우리나라의 임금체계는 다른 나라에 비해 상당히 복잡합니다.[11]

최저임금에 대해서도 잠깐 살펴봅시다. 최저임금제란 "임금의 최저수준을 보장하여 노동자의 생활안정과 노동력의 질적 향상을 기함으로써 국민경제의 건전한 발전"(최저임금법 제1조)을 꾀하기 위해 만든 제도입니다. 국가가 노사 간의 임금결정 과정에 개입하여 임금의 최저수준을 정하고, 사용자에게 그 수준 이상의 임금을 지급하도록 법으로 강제함으로써 저임금노동자를 보호하는 제도라는 것이지요. 우리나라에서는 1988년 1월 1일부터 최저임금제도를 실시하고 있는데 처음에는 규모가 비교적 큰 사업장에 대해서만 적용하다가 점점 그 적용 범위를 확대하였습니다. 그런데 노동자를 사용하는 모든 사업 또는 사업장이 최저임금제도의 적용대상이라고 하지만 "수습사용 중에 있는 자로서 수습사용한 날부터 3월 이내인 자는 10% 감액 적용 가능"하고 "노동부장관 승인을 받은 감시 또는 단속적 근로에 종사하는 자는 20% 감액 적용 가능"하다는 단서도 붙어 있습니다. 이때 '임금'이란 앞의 설명과 같이 기본급과 통상적 수당을 합친 것을 말합니다. 2009년 6월 최저임금위원회에서는 2010년의 최저임금을 시급기준 4,110원으로 결정하였습니다. 그 전해에 비해 110원 인상되었는데 인상률 2.75%는 외환위기 직후의 인상률과 맞먹는 것으로서 사상 최저수준입니다.

11 한국노동연구원, 〈2009 KLI 노동통계〉, 2009, 49~50쪽.

최저임금을 결정하는 과정은 매년 순조롭지 못했던 것 같습니다만 어쨌든 대립과 타협의 산물로 나온 최저임금제도가 현실 사업장에서 제 역할을 하고 있을까요? 이 질문은 매우 중요한 질문이지만 적절한 통계가 없어서 현실적으로 정확히 답하기란 불가능하기 때문에 연구자들은 대개 표본조사를 통해 추정값을 내놓고 있습니다.

2009년에 나온 한 보고서에서 연구진들은 2007년 〈사업체근로

〈표 3-10〉 연도별 최저임금

연도	시간급 (원)	일급 (원,8시간기준)	월환산액	인상률(%)
1990	690	5,520	165,000(240시간)	15
1991	820	6,560	192,700(235시간)	18.8
1992	925	7,400	209,050(226시간)	12.8
1993	1,005	8,040	227,130(226시간)	8.6
1994.1.~1994.8.	1,085	8,680	245,210(226시간)	8
1994.9.~1995.8.	1,170	9,360	264,420(226시간)	7.8
1995.9.~1996.8.	1,275	10,200	288,150(226시간)	9
1996.9.~1997.8.	1,400	11,200	316,400(226시간)	9.8
1997.9.~1998.8.	1,485	11.88	335,610(226시간)	6.1
1998.9.~1999.8.	1,525	12,200	344,650(226시간)	2.7
1999.9.~2000.8.	1,600	12,800	361,600(226시간)	4.9
2000.9.~2001.8.	1,865	14,920	421,490(226시간)	16.6
2001.9.~2002.8.	2,100	16,800	474,600(226시간)	12.6
2002.9.~2003.8.	2,275	18,200	514,150(226시간)	8.3
2003.9.~2004.8.	2,510	20,080	567,260(226시간)	10.3
2004.9.~2005.8.	2,840	22,720	641,840(226시간)	13.1
2005.9.~2006.12.	3,100	24,800	700,600(226시간)	9.2
2007	3,480	27,840	786,480(226시간)	12.3
2008	3,770	30,160	852,020(226시간)	8.3
2009	4,000	32,000	904,000(226시간)	6.1
2010	4,110	32,880	928,860(226시간)	2.75

(출처 : 한국노동연구원, 〈2009 KLI 노동통계〉, 2009, 76쪽)

실태조사〉 결과를 이용하여 저임금 영역에 속하는 사업체들을 모집단으로 삼아 표본조사를 실시하고 그 결과로부터 최저임금에 못 미치는 임금을 받는 노동자가 있는 사업체 수를 추정한 바 있습니다. 그 결과에 따르면 조사 대상 21,224개 사업체 중 저임금 노동자를 포함하는 사업체수는 12,067개로 그 비율은 56.86%에 이르렀다고 합니다. 연구진은 또한 노동자 대상 설문조사를 통해 최저임금제도가 동종계열의 다른 사업체에서 얼마나 잘 지켜지고 있는지를 알아보았는데 최저임금제도가 준수되고 있다는 의견은 22.5%를 차지한 반면 준수되고 있지 못하다는 의견을 가진 노동자는 응답자의 27.6%에 이르렀다고 합니다.[12]

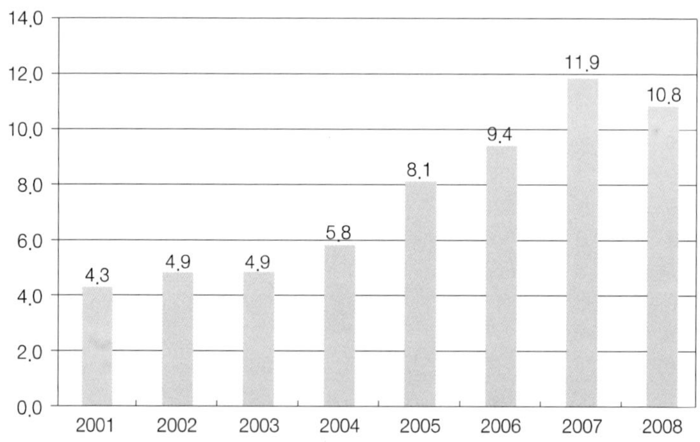

(출처 : 한국노동연구원, 〈2010년도 최저임금심의를 위한 임금실태 등 분석〉, 9쪽)

〈그림 3-1〉 최저임금 미달 노동자의 비율

12 최강식, 박상언, 이승렬, 〈최저임금 적용효과에 관한 설문조사 분석 보고서〉, 최저임금위원회, 2009, 87쪽.

그리고 한국노동연구원의 연구진이 최저임금에 못 미치는 임금을 받는 노동자의 비율을 통계청의 〈경제활동인구 부가조사〉(2008. 8.) 자료를 이용하여 추정한 결과는 〈그림 3-1〉과 같습니다.[13] 한국노동연구원의 추정 결과에 따르면 전체임금노동자 가운데 10.8%가 2008년 최저임금액(시간당 3,770원)보다 낮은 수준의 시간당 임금을 받고 있다고 합니다. 전체 임금노동자의 10.8%이면 174만 6천명에 해당하는데 이들 중에는 소규모 사업체에 근무하는 19세 이하 및 60세 이상의 고졸 여성 일용직 노동자가 다수라고 합니다.

비정규직의 임금과 복지

통계청에서는 주기적으로 '경제활동인구조사의 부가조사' 결과를 발표하고 있습니다. 이 부가조사는 경제활동인구조사처럼 통계청에서 원래부터 실시하던 조사가 아니고 외환위기 이후 비정규직 문제가 중요한 사회 문제로 떠오른 뒤부터 새로 시작한 조사입니다. 그 조사결과에서 2008년 8월과 2009년 8월 월평균임금을 비교해보면 정규직과 비정규직의 임금 차이가 100만 원 정도로 상당히 크다는 것을 알 수 있습니다. 게다가 한 해 동안 정규직의 임금은 3.5% 상승한 반면 비정규직의 임금은 한시적, 시간제, 비전형 할 것 없이 모든 범주에서 감소하여 전체적으로 7.3% 감소한 것도 알 수 있습니다. 그리고 비정규직 내에서도 임금 격차

13 한국노동연구원, 〈2010년도 최저임금심의를 위한 임금실태 등 분석〉, 2009.

가 상당하다는 것도 알 수 있습니다.

그런데 이런 자료로부터 "비정규직의 임금은 정규직 임금의 절반밖에 되지 않는다."라고 주장하는 것은 또 다른 문제를 낳을 수도 있습니다. 당연히 정규직에는 높은 임금을 받는 전문직들이 포함되어 있습니다. 한편으로 비정규직에는 비숙련직과 파트타임으로 짧게 일하는 사람들이 적지 않게 포함되어 있는데, 아무래도 일하는 시간이 더 긴 정규직의 평균임금보다 이들의 임금이 높을 수는 없을 것입니다. 즉 이런 자료가 "같은 시간에 같은 일을 하는데도 비정규직은 정규직과 아주 다른 차별을 받는다."는 주장을 확실히 뒷받침해주지는 못한다는 것입니다. 그런 주장을 하려면 업종별로 시간당 임금을 따로 계산하고 생산성까지 함께 비교한 통계가 필요하겠지요. 〈한겨레〉의 정남구 기자가 쓴 글을 읽어보

〈표 3-11〉 정규직과 비정규직의 월평균 명목임금 비교

(단위 : 만원, %, 전년동월대비)

	임금노동자	정규직	비정규직	한시적	기간제	비기간제	시간제	비전형
'09. 6~8월 평균	185.2	220.1	120.2	130.1	131.1	125.9	53.5	119.1
증감률	0.3	3.5	-7.3	-10.8	-12.0	-8.6	-6.8	-0.5
'08. 6~8월 평균	184.6	212.7	129.6	145.8	148.9	137.7	57.4	119.7

(출처 : 통계청, 〈2009년 8월 근로형태별 및 비임금 근로 부가조사 결과〉, 2009. 11.)

면 2007년에 한국노동연구원의 연구원들이 이에 대한 연구결과를 내놓았는데 그들이 내린 결론은 "정규직과 비정규직의 임금차이는 대부분 생산성의 차이에 따른 것"이었다고 합니다.[14] 다른 한편 예컨대 은행의 경우 종전까지 정규직과 비정규직에게 같은 일을 맡기다가 언제부터인가 간단한 일을 보는 창구와 은행에 수익을 가져다주는 상담 창구를 분리한 다음, 상담 창구는 정규직에게 맡기고 간단한 일은 비정규직에게 맡기는 식으로 업무를 분리함으로써 임금이나 승진 기회의 차별을 정당화시키는 경우도 있다고 합니다.[15] 그러고 보면 통계자료를 읽기란 참 어렵습니다.

〈표 3-12〉 임금노동자의 복지 수혜자 비율

	2009. 8.			
	퇴직금	상여금	시간외수당	유급휴가
〈임금노동자〉	61.5	61	43.3	57
○정 규 직	76.9	77.7	55.5	70.6
○비정규직	32.7	29.8	20.4	31.7
–한 시 적	47.9	42.4	28.4	47.8
·기 간 제	53.3	46.8	31.5	54.7
·비기간제	26.1	24.8	15.8	20
–시 간 제	5.5	8.8	4.9	4.3
–비 전 형	24.2	20	13.3	17.6

(출처 : 통계청, 〈2009년 8월 근로형태별 및 비임금 근로 부가조사 결과〉, 2009. 11.)

14 정남구, 〈통계가 전하는 거짓말〉, 시대의창, 2008, 175~178쪽.

15 장귀연, 〈권리를 상실한 노동자 비정규직〉, 책세상, 2006, 79~88쪽.

정규직과 비정규직의 차이는 임금 뿐 아니라 각종 복지 혜택에서도 그대로 나타납니다. 〈표 3-12〉를 보면 퇴직금, 상여금, 시간외 수당, 유급 휴가 모든 항목에서 비정규직의 수혜 비율은 정규직 비율의 절반에도 못 미칩니다. 비정규직 중에서도 기간제 노동자들은 그나마 나은 편이고 기간제를 제외한 다른 비정규직 중에 그러한 혜택을 받을 수 있는 사람은 매우 소수에 지나지 않습니다.

이미 공부한 대로 우리나라에서는 최저임금 제도를 실시하고 있습니다. 이름은 '법정 최저' 임금이지만 현실에서 엄격하게 지켜지고 있지는 않습니다. 2009년 1월부터 12월까지 법정 최저임금은 시간당 4,000원이고, 2010년 1월부터 12월까지 법정 최저임금은 시간당 4,110원입니다. 2009년 8월 경제활동인구조사부가조사에서 시간당 임금이 4,000원 미만인 사람은 모두 210만 명으로 전체 임금노동자의 12.8%에 달하고, 4,110원 미만은 230만 명으로 14.0%에 이르렀습니다. 그리고 최저임금에 미치지 못하는 임금을 받는 노동자 중 197만 7천 명94%이 비정규직이었으며 그 대다수는 기혼여성103만 7천 명이었다고 합니다.[16]

급여를 비롯한 열악한 노동조건의 문제는 한 직장에서 계속 일하는 근속기간에서도 엿볼 수 있습니다. 〈표 3-13〉은 통계청에서 2009년 11월에 발표한 것을 그대로 옮긴 것입니다. 2009년 통계를 보면 정규직의 평균근속기간이 6년 7개월인 반면 비정규직의

16 김유선, 〈비정규직 규모와 실태〉, 한국노동사회연구소, 2009, 21~23쪽.

평균근속기간은 1년 9개월로서 정규직의 3분의 1에도 못 미칩니다. 또 비정규직의 경우 한 곳에서 1년을 넘기지 못하는 비율이 전체의 58.%2008년, 62.6%2009년로 모두 정규직의 두 배가 훨씬 넘습니다. 특히 시간제 노동자의 경우 그 비율이 전체의 4분의 3에 가까울 뿐 아니라 2009년에는 평균근속기간이 채 1년을 못 넘기는 것을 알 수 있습니다.

〈표 3-13〉 근로형태별 평균근속기간 및 근속기간별 구성비

(단위:%, 근로형태별로 구성비의 가로 합이 100.0임)

	2008. 8				2009. 8			
	평균 근속 기간	1년 미만	1~3년 미만	3년 이상	평균 근속 기간	1년 미만	1~3년 미만	3년 이상
〈임금노동자〉	**4년 9개월**	**37.3**	**22.3**	**40.3**	**4년 11개월**	**37.8**	**20.8**	**41.4**
○ 정 규 직	**6년 2개월**	**26.8**	**22.8**	**50.4**	**6년 7개월**	**24.5**	**21.4**	**54.1**
○ 비정규직	**2년**	**58.0**	**21.4**	**20.6**	**1년 9개월**	**62.6**	**19.7**	**17.7**
– 한 시 적	2년 5개월	50.4	24.8	24.8	1년 11개월	58.1	22.3	19.6
· 기 간 제	2년 4개월	49.9	24.8	25.3	1년 11개월	57.5	22.4	20.1
· 비기간제	2년 7개월	51.8	24.7	23.5	1년 11개월	60.4	21.6	17.9
– 시 간 제	1년	75.2	16.3	8.5	1년	76.3	15.1	8.6
– 비 전 형	1년 9개월	62.6	18.8	18.6	1년 9개월	63.7	18.6	17.7

(출처 : 통계청, 〈2009년 8월 근로형태별 및 비임금 근로 부가조사 결과〉, 2009. 11.))

사회보험, 노동조합

이어서 사회보험 가입률도 살펴봅시다. 〈표 3-14〉는 임금노동자들의 사회보험 가입률을 나타낸 표입니다. 전체 임금노동자의 국민연금 가입률은 64.7%, 건강보험 가입률은 67.1%, 고용보험 가입률은 58.9%로 나타났는데 비정규직의 경우만 본다면 국민연금 38.2%, 건강보험 43.4%, 고용보험 42.7%로서 정규직에 비해 상당히 낮은 것을 알 수 있습니다.

통계청에서 만든 이 표에는 4대 보험 가운데 산재보험이 빠져있습니다. 노동계에서는 우리나라 산업재해 통계에 대해 상당한 불신감을 갖고 있는 것 같습니다. 노동자가 산재를 당하더라도 많은 직장에서 산재보험 신청을 막는 사례가 적지 않다는 것이지요. 게

〈표 3-14〉 임금노동자의 사회보험 가입자 비율

	2008. 8			2009. 8					
	국민연금%	건강보험%	고용보험%	국민연금%	증감 %P	건강보험%	증감 %P	고용보험%	증감 %P
〈임금노동자〉	**64.3**	**65.6**	**56.8**	**64.7**	**0.4**	**67.1**	**1.5**	**58.9**	**2.1**
○정 규 직	**77.3**	**78.0**	**65.8**	**78.9**	**1.6**	**79.8**	**1.8**	**67.6**	**1.8**
○비정규직	**39.0**	**41.5**	**39.2**	**38.2**	**−0.8**	**43.4**	**1.9**	**42.7**	**3.5**
−한 시 적	56.4	59.8	56.0	56.5	0.1	64.1	4.3	62.0	6.0
·기 간 제	62.6	66.5	62.3	62.6	0.0	71.4	4.9	68.7	6.4
·비기간제	40.3	42.5	39.9	31.7	−8.6	34.2	−8.3	34.6	−5.3
−시 간 제	6.4	6.1	6.3	7.4	1.0	8.8	2.7	9.1	2.8
−비 전 형	23.6	28.2	25.8	21.7	−1.9	27.7	−0.4	27.6	1.8

(출처 : 통계청, 〈2009년 8월 근로형태별 및 비임금 근로 부가조사 결과〉, 2009. 11.)

다가 우리나라는 노조 가입률이 12%밖에 되지 않기 때문에 많은 경우 노동자들이 불리한 상황에 처하게 된다고 합니다. 아래 일간지 사설을 보면 특히 비정규직이 산업재해에 취약하다고 지적하고 있습니다.

은폐되고, 방치되는 비정규직 산재

작업장에서 일하다 사고를 당해 사망하는 비율이 정규직에 견줘 비정규직이 두 배 이상 많다는 조사결과가 어제 공개됐다. 2천여 개 사업장을 표본으로 잡아 지난 2~5월의 산재사고를 살펴보니, 34명이 산재로 숨졌는데, 이 가운데 21명이 비정규직이었다. 경남 거제 대우조선해양에서는 올 들어 사고나 과로 등으로 숨진 노동자가 일곱 명인데, 모두 다 비정규직이었다고 한다. 비정규직 노동자들이 얼마나 산업재해의 벼랑 끝으로 내몰려 있는지 잘 보여주는 수치이다.

재해 대책은 정확한 실태 파악을 기초로 한다. 하지만 우리나라 산재 통계는 여전히 엉터리다. 이번 조사도 기존의 산재 통계가 현실을 제대로 반영하지 못한다는 지적에 따라 노동부, 경총과 양대 노총 등이 함께 구성한 산재통계개선위원회에서 내놓은 것이다. 위원회는 근로복지공단의 산재 승인 통계를 단순 합산하던 기존 방식과 달리, 사업장의 관리자가 산재발생 기록표를 작성하도록 하고 조사원이 다달이 방문해 이를 집계하는 방식을 하도록 했다. 이 결과, 2~5월 재해율은 올 공식 통계로는 0.13%이나 이번 조사에서는 재해율이 0.22%로 나타났다. 은폐된 산재사고가 조사방식의 작은 변화로 적나라하게 드러난 것이다. 이런 은폐는 비정규직 산재사고에서 더 횡행하고 있다. 사업주들이 산재건수가 많은 데 따른 불이익을 피하기 위해 보상금이나 병원비 등으로 때우고 이른바 '공상'으로 처리하는 경우가 허다하며, 그 대상자는 힘없는 비정규직이기 일쑤다.

비정규직 산재 대책으로 시급한 건 이들의 노동환경에 맞는 법과 제도의 손질이다. 현행 산업안전보건법에는 파견·하청업체 노동자에게 문제가 생기면 원청업체가 연대 책임을 지도록 하고 있다. 부도가 나거나 감당 능력이 없는 하청업체의 산재 노동자를 보호하기 위한 장치인데, 현실에서 원청업체가 연대책임을 지는 일은 드물다. 따라서 원청업체에 연대책임을 엄격하게 물을 수 있도록 제도를 보완해야 한다. 또 산업 부문별, 고용 형태별로 세밀한 규정이 마련될 필요가 있다. 예컨대 산재사고 은폐가능성이 큰 건설업종에 대해선 특단의 감독 체계를 마련하는 것이다. 관련 업체들이 업종 혹은 지역별로 연대해 노동자의 건강기금을 공동으로 마련해 대처하는 방안도 모색할 필요가 있겠다. 비정규직 노동자의 기본권을 강화하는 것도 또 하나의 산재 대책이다.

(〈한겨레〉 사설, 2007년 10월 22일)

특히 비정규직 가운데에서도 '특수형태근로종사자'들은 〈근로기준법〉상 노동자로 인정받지 못합니다. 이런 문제를 개선하기 위해 2008년 8월부터는 이들도 산재보험 적용을 받을 수 있도록 법이 바뀌었습니다. 하지만 노동부 통계에서 볼 수 있듯 전체 특수형태근로종사자 가운데 산재보험의 적용을 받는 사람들은 겨우 16%에 지나지 않습니다. 그렇게 가입률이 낮은 이유 중 하나는 보험료 중 절반을 사업주가 부담해야하고 나머지 절반은 노동자가 부담해야하기 때문입니다.[17] 산업의학을 연구하는 분들 중에는 비정규직 노동자들의 고용불안정, 높은 노동 강도 등의 요인이 그들이 건강에 어떤 영향을 미치는지 연구한 분들도 있습니다.[18]

아무리 노동시장도 자유시장이라지만 사용자와 노동자가 대등한 입장이 될 수는 없으므로 약자일 수밖에 없는 노동자의 권리는 법으로 보장받습니다. 우리가 일찍부터 학교에서 배우는 노동 3권 즉, 단결권, 집단교섭권, 집단행동권이 그 대표적인 권리들이겠습니다. 노동자들은 이런 권리를 노동조합을 통해 행사하게 됩니다. 그런데 비정규직들도 이런 권리를 정규직과 다름없이 누릴까요? 고용조건이 정규직보다 더 열악하므로 비정규직 노동자들이 노동

17 노동부, 〈2009년판 노동백서〉, 2009, 336~337쪽.

18 손미아, "산업의학과 사회역학 : 노동과 불평등, 그 근원은 어디인가?", 〈대한예방의학회 2005년도 하계심포지움 학술대회논문집〉, 2005, 23~44쪽.

〈표 3-15〉 임금노동자의 노동조합 가입 비율

(단위 : %)

		임금노동자	정규직	비정규직	한시적	시간제	비전형
2009.8	가입하였음	12.2	17.3	2.5	3.5	0.4	1.5
	노동조합 없음	73.7	69.3	81.7	73.9	87.2	92.4
	가입대상 아님	8.9	6.2	13.8	19.8	11.5	5.0
	가입하지 않음	5.3	7.1	2.0	2.8	0.9	1.1

(출처 : 통계청, 〈2009년 8월 근로형태별 및 비임금 근로 부가조사 결과〉, 2009. 11.))

조합을 더욱 필요로 할 것 같습니다만 현실은 그렇지 못합니다. 우리나라 임금노동자들의 노조가입률은 12%대에 머물고 있는데 정규직과 비정규직으로 나누어서 살펴보면 각각 17.3%와 2.5%로서 그 격차가 상당히 큽니다. 비정규직의 노사관계 실태와 정규직 노조와의 관계 등에 대해서는 한국노동연구원 은수미 연구위원이 낸 책을 보기 바랍니다.[19]

믿기 어렵습니다만 〈그림 3-2〉와 같은 사례도 있다고 합니다. 미국에서 한 때 버스에 흑인이 앉는 자리를 따로 정해두었다는 말을 들은 적이 있는데, 그림이 보여주는 경우가 바로 그와 꼭 같습니다.[20] 어느 회사 통근버스에 붙어있었다는 안내문인데 여기서

19 은수미, 〈비정규직과 한국 노사관계 시스템 변화 (I)〉, 한국노동연구원, 2007.

통근버스 좌석 지정제 시행 안내

2008년 12월 18일(목)부터 통근버스 좌석 지정제 (대선조선 정규직원과 협력업체 직원 좌석 구분)를 아래와 같이 시행하오니 숙지하여 통근버스 좌석 이용시 차질 없도록 해주시기 바랍니다.

- 아 래 -

대선조선 정규직원 통근버스 좌석 위치 : 1번~23번
협력업체 직원 통근버스 좌석 위치 : 24번~45번

총 무 부 장

(출처 : 전국금속노동조합 홈페이지 자유게시판, http://metalunion.kr)

〈그림 3-2〉 비정규직에 대한 차별

'협력업체 직원'이란 파견, 도급, 용역, 사내 하청 등의 형태로 일하는 사람들입니다. 비정규직으로 일하는 사람들은 임금을 떠나 그 직장에 애정은 물론 소속감을 가지기도 어렵겠습니다.

지금까지 우리는 비정규직에 대한 몇 가지 통계들을 살펴보았습니다. 아무래도 숫자로 된 이런 통계보다는 생생한 경험담이 현실을 더 잘 드러내 보여주는 경우도 많겠지요? 시사주간지 〈한겨레21〉 778호2009.9.21. 발행를 보면 기자가 한 달간 경기도 안산에 있는 난로 공장에 들어가 직접 비정규직 체험을 하고 쓴 기사 '9번 기계의 노동일기'를 볼 수 있습니다. 그 기사는 몇 달간 이어진 시리즈 기

20 장귀연, 〈비정규직〉, 책세상, 2009, 72쪽.

사의 시작이었는데 〈한겨레21〉에서는 2009년 가을, 겨울 동안 여러 차례에 걸쳐 네 명의 기자들이 직접 한 달씩 난로공장, 가구공장, 갈빗집과 감자탕집, 대형마트 등에서 비정규직으로 일하며 겪고 들은 것들을 연속해서 특집으로 실은 바 있습니다. 그 시리즈 기사의 타이틀이 '노동 OTL'이었는데 노동이 권리가 아니라 OTL, 즉 좌절이라는 겁니다. 제목처럼 기사에 나오는 현실은 안타깝고 답답하기만 합니다. 무엇보다 그 기사를 읽으면 차가운 통계 숫자로는 짐작하기도 어려운 우리 사회의 현실을 엿볼 수 있습니다. 다른 한편, 기사에 실린 것처럼 자신의 처지를 말할 목소리도 갖지 못한 많은 사람들의 딱한 모습은 보다 정밀한, 그리고 많은 사람들이 동의할 수 있는 비정규직 통계의 필요성을 역설적으로 잘 보여주기도 합니다.

함께 생각해 봅시다

01 외국인 노동자의 규모와 실태에 대해 통계자료를 이용하여 알아보시오.

02 대학 내에서 일하는 강사, 직원, 청소원, 교수가 정규직인지 비정규직인지 알아보고 그들이 하는 일, 처우 등에 대해 비교해보시오.

03 비정규직에 대한 통계나 보도를 접하는 사람들 중에는 "나는 그렇게 되지 말아야지"라고 생각하는 경우도 적지 않습니다. "정규직, 비정규직으로 나눠지는 것은 개인의 탓이다"라는 주장에 대해 토론해보시오.

04 2009년 상반기에 논란이 되었던 정치적 쟁점 중에 '비정규직법 개정' 문제가 있었습니다. 그 법에 대해 알아보고 법 개정을 두고 대립했던 사람들의 주장에 대해서도 알아보시오.

05 최근 정부에서 내놓은 고용대책 가운데 '인턴'제도가 있습니다. 이 제도가 어떤 것인지 알아보고 인턴제도가 고용에 도움이 되었는지 통계를 통해 알아보시오.

06 정부의 공식실업률을 신뢰할 수 없다는 반응에 대해 정부에서는 국제노동기구ILO의 기준에 따라 실업률을 계산하고 있다고 주장합니다. 그렇다면 ILO에서는 언제, 어떤 과정을 거쳐서, 또 어떤 이유 때문에 그러한 기준을 만들게 되었는지 알아보시오.

Part IV

물가와 소득

앞에서 공부한 것처럼 우리나라 통계청에서는 인구통계를 비롯한 많은 통계를 생산하고 있습니다. 공공 기관에서 생산하는 통계를 종종 공식통계official statistics라고 불러왔는데 근래에는 국가통계national statistics라는 용어를 더 많이 쓰고 있습니다. 알고 보면 나라마다 국가통계 제도가 다른데 그러한 제도를 보통 집중형과 분산형 둘로 나눕니다. 집중형 통계제도란 모든 통계활동을 한 기관에서 맡는 경우를 말하고 분산형은 각 기관에서 분야별로 따로 통계를 작성하는 제도입니다. 우리나라의 국가통계 시스템은 분산형으로서 통계청은 자체적으로 통계를 만드는 한편 여러 기관의 통계활동을 조정하는 역할도 하고 있습니다.

통계청 바깥에서 만드는 통계 가운데 중요한 것으로 경제통계가 있는데 우리나라에서는 한국은행에서 많은 경제통계를 만들고 있습니다. 경제 분야는 일찍부터 통계를 널리 활용해온 분야이지만 (그런 이유로 우리나라 대학에서 통계학과가 상경대학에 들어있는 경우가 많습니다.) 교양과목 교재인 이 책에서는 경제통계에 대해 많은 내용을 다루기 어렵습니다. 통계에 대한 설명과 자료가 풍부한 개론 수준의 경제학 책을 참조하고 싶은 분은 노택선, 김중렬 교수한국외대 경제학과의 책을 보시기 바랍니다.[1] 그 책은 2005년에 나왔던 〈통계와 함께 배우는 경제학〉의 개정판이라고 할 수 있습니다.

1. 물가지수

통계청에서는 가격과 물가를 다음과 같이 정의하고 있습니다. "개개의 상품(또는 서비스)이 지니고 있는 화폐가치를 가격 또는 값이라 하고 여러 가지 상품의 종합적인 가격수준을 물가 또는 물가수준이라 한다." 상품 하나의 가격수준이 아니라 이 정의와 같이 여러 상품의 '종합적인 가격수준'을 나타내기 위해 작성하는 지표가 물가지수입니다. 물가지수에도 여러 가지가 있는데 통계청에서는 '화폐구매력 측정, 소비자 생계비 파악, 임금산정 기초자료'로 활용하기 위해 소비자물가지수를 만들고, 한국은행에서는 '시장동향 분석 구매 및 판매계약, 예산편성 및 심의, 자산재평가'에 활용하기

1 노택선, 김중렬, 〈경제학101〉, 해남, 2008.

위해 생산자물가지수를 만드는데, 이러한 지수들은 물가의 종합적인 움직임을 재기 위한 체온계와 같은 역할을 한다고 합니다.[2]

물가지수뿐만 아니라 주가지수 등 경제 상황을 나타내주는 여러 지수index들이 있습니다. 그런데 주가지수만 하더라도 계산 방법이 하나가 아닙니다. 한국의 코스피지수나 코스닥지수는 주식 가격과 거래되는 주식의 수량을 가지고 계산하지만 미국의 다우존스 지수는 주식의 가격만으로 계산하는 지수입니다. 물가지수 계산법 역시 꽤 여러 가지가 있지만 주가지수든 물가지수든 지수는 기본적으로 기준시점의 가격에 비해 비교시점의 가격이 어느 정도인지를 나타냅니다.

거칠게 보면 지수라는 것은 주식 가격이나 물가의 변화를 단 하나의 숫자로 측정하는 방법입니다. 18세기와 19세기에 나온 몇 가지 물가지수 계산법들은 단지 두 시점의 가격만 가지고 지수를 계산하였습니다만 19세기 중, 후반 이후에 나온 계산법에서는 가격 뿐 아니라 수량도 포함하여 지수를 계산합니다.

논의를 간단히 하기 위해 두 가지 상품만 있는 경우를 예로 들어 여러 가지 지수 계산법을 알아보겠습니다. 물가지수 계산 방식이 하나만 있으면 좋겠지만 그렇지 않습니다. 그 이유는 시간이 흐르면 상품의 가격만 변하는 것이 아니고 상품의 거래량도 변하기 때문입니다.

---

2 통계청, 〈통계행정편람 2008〉, 2008, 394~396쪽.

	상품 1		상품 2	
	가격	수량	가격	수량
기준시점	p_1^0	q_1^0	p_2^0	q_2^0
비교시점	p_1^1	q_1^1	p_2^1	q_2^1

먼저 1864년에 처음 나온 라스파이레스Laspeyres 방법에 대해 알아봅시다.

$$P_{\text{Laspeyres}} = \frac{q_1^0 \cdot p_1^1 + q_2^0 \cdot p_2^1}{q_1^0 \cdot p_1^0 + q_2^0 \cdot p_2^0}$$

이 방법은 분모, 분자에 있는 상품의 양을 모두 기준시점의 양 q_1^0, q_2^0으로 고정시켜서, 즉 상품의 기준시점의 거래량이 비교시점에도 유지된다고 가정하고 가격변화를 측정하는 방법입니다. 현재 우리나라에서 물가지수를 계산할 때 쓰는 방법이 바로 이 방법입니다. 두 번째 방법은 라스파이레스 방법보다 조금 늦은 1874년에 나온 파쉐Paasche 방법입니다.

$$P_{\text{Paasche}} = \frac{q_1^1 \cdot p_1^1 + q_2^1 \cdot p_2^1}{q_1^1 \cdot p_1^0 + q_2^1 \cdot p_2^0}$$

파쉐 방법이 라스파이레스 방법과 다른 점은 기준시점의 거래량 대신 비교시점의 거래량이 분자, 분모에 들어가는 점뿐입니다. 하나의 기준연도에 대해 여러 다른 해의 물가지수를 계산한다고 할 때 두 가지 방법 중에서 보다 계산하기 편한 것은 라스파이레스 방법입니다. 라스파이레스 방법에서는 기준연도의 수량만이 필요하므로 매년의 수량은 알 필요 없고 각 시기의 가격만 알면 되기 때문이지요. 우리나라를 비롯한 많은 나라에서 물가지수를 계산할 때 라스파이레스 계산법을 사용하는 이유도 거기에 있다고 보면 되겠습니다. 간단한 예를 들어 계산 연습을 해봅시다.

	상품 1		상품 2	
	가격	수량	가격	수량
기준시점	1	10	3	4
비교시점	2	5	9	8

$$P_{\text{Laspeyres}} = \frac{q_1^0 \cdot p_1^1 + q_2^0 \cdot p_2^1}{q_1^0 \cdot p_1^0 + q_2^0 \cdot p_2^0} = \frac{10\times 2 + 4\times 9}{10\times 1 + 4\times 3}$$

$$= \frac{56}{22} = 2.55,$$

$$P_{\text{Paasche}} = \frac{q_1^1 \cdot p_1^1 + q_2^1 \cdot p_2^1}{q_1^1 \cdot p_1^0 + q_2^1 \cdot p_2^0} = \frac{5\times 2 + 8\times 9}{5\times 1 + 8\times 3}$$

$$= \frac{82}{29} = 2.83$$

이 두 가지 방법은 물가지수 계산법 가운데 가장 대표적입니다만 문제점도 지니고 있습니다. 현실적으로 어떤 상품의 가격이 오르면 거래량은 대개 줄어드는데도 이 두 방법은 그러한 변화를 반영하지 못하고 기준시점 또는 비교시점의 수량 한 가지만을 사용해서 지수를 구합니다. 지수 이론에서는 이처럼 수량을 한 시점의 값으로 고정시켜서 구한 지수가 시간의 흐름에 따라 나타나는 상품 품목의 변화나 가중치의 변화를 반영하지 못하는 문제를 "대체 편의substitution bias"라고 부릅니다.

예컨대 비교시점에 쇠고기 가격이 높아졌다면 소비자들은 쇠고기보다 값싼 돼지고기를 선택할 것입니다. 즉 쇠고기의 수량이 기준시점의 수량보다 작아진다는 말이지요. 그런데 라스파이레스 방법으로 물가지수를 구하면 높은 가격의 쇠고기를 여전히 기준시점과 같은 만큼 많이 소비한다고 간주하기 때문에 물가지수를 실제보다 높은 값으로 계산하게 됩니다. 또한 파쉐 방법으로 물가지수를 계산한다면 거꾸로 기준시점의 쇠고기 소비량을 적게 두므로 현실보다 낮은 물가지수를 얻게 되겠지요. 또한 기준시점과 비교시점을 서로 바꾸어서 계산했을 때 두 물가지수는 서로 역수가 되어야할 텐데 계산식에서 쉽게 확인할 수 있듯이 이 두 가지 방법은 모두 그렇지 않습니다. 이러한 여러 문제점들 때문에 이 두 가지 말고도 물가지수를 계산하는 방법 여러 다른 방법들이 나와 있습니다.

예컨대 19세기 후반 영국의 대표적인 경제학자인 에지워스와 마셜은 한 시점의 수량 대신 두 시점의 평균 수량을 가지고 물가 지수를 계산하였습니다. 어떤 의미로 보면 라스파이레스 방법과 파쉐 방법을 결합한 것이라고 할 수도 있겠지요.

$$P_{\text{Edgeworth}-\text{Marshall}} = \frac{\frac{q_1^0 + q_1^1}{2} \cdot p_1^1 \quad + \quad \frac{q_2^0 + q_2^1}{2} \cdot p_2^1}{\frac{q_1^0 + q_1^1}{2} \cdot p_1^0 \quad + \quad \frac{q_2^0 + q_2^1}{2} \cdot p_2^0}$$

또한 미국의 경제학자로서 20세기 초에 지수에 대한 선구적인 연구를 내놓은 피셔Irving Fisher, 1867~1947 역시 라스파이레스 지수와 파쉐 지수를 기하평균하여 다음과 같은 지수를 제안한 바 있습니다.

$$P_{\text{Fisher}} = \sqrt{P_{\text{Laspeyres}} \cdot P_{\text{Passche}}}$$

위의 예를 가지고 계산해보면 에지워스-마셜 지수는 2.71, 피셔 지수는 2.68이 됩니다. 즉 계산법에 따라 모두 다른 결과가 나옵니다. 앞서 지적한 물가지수의 문제를 해결하려는 시도 중 하나가 최근 우리나라에서도 사용하기 시작한 연쇄지수chain index 계산법입니다. 이에 대해서는 다음에 국민소득을 공부하면서 알아보기로 합시다.

우리나라 정부기관에서 발표하는 물가지수 가운데 대표적인 것은 소비자물가지수consumer price index, CPI와 생산자물가지수producer price index, PPI입니다. 생산자물가지수에 해당하는 것을 이전에는 도매물가지수라고 부르기도 하였습니다. 위에서 우리는 쉽게 설명하기 위해 두 가지 상품만 있는 경우를 가정하고 물가지수를 계산해 보았습니다만 현실 세계에서 거래되는 상품과 서비스의 수는 아주 많겠지요. 당연히 그 모든 상품과 서비스에 대해 가격과 수량을 다 조사해서 물가지수를 구하기란 불가능한 일입니다. 따라서 소비자물가지수이든 생산자물가지수이든 그 지수를 계산하는 목적과 보다 관계가 깊은 상품과 서비스들만을 골라내는 작업이 필요하겠습니다.

우리나라의 경우 소비자물가지수는 통계청에서 생산, 발표하고 생산자물가지수는 한국은행에서 발표하고 있습니다. 그리고 두 지수 모두 기획재정부에서 관리하고 있습니다. 통계청에서는 소비자물가지수를 "도시가계가 소비생활을 영위하기 위해 구입하는 상품 가격과 서비스 요금의 변동을 종합적으로 측정하기 위해 작성하는 지수"라고 정의하고 있는데 2009년 현재 기준연도는 2005년이고 대상 품목은 가계소비지출에서 차지하는 비중이 1/10,000 이상인

489개 품목입니다. 통계청에서는 전국 30여개 도시에서 조사한 결과를 바탕으로 매달 소비자물가지수를 발표하고 있습니다. 소비자물가지수 계산에 쓰이는 세부적인 품목과 품목별 가중치는 〈표 4-1〉과 〈표 4-2〉를 참조하기 바랍니다.

참고사항

우리나라에서는 물가지수를 계산할 때 기준연도를 5년마다 바꿉니다. 유의할 점은 역시 지수라는 이름을 갖고 있지만 주식시장에서 주가지수를 계산할 때에는 기준연도를 바꾸지 않는다는 점입니다. 예컨대 코스피지수는 1980년 1월 4일이 기준이고 코스닥지수는 1996년 7월 1일이 기준입니다. 게다가 두 가지 주가지수를 모두 시가총액방식으로 계산합니다만 아래 식처럼 곱해주는 숫자가 서로 다르답니다. 따라서 두 지수의 숫자 값을 바로 비교하는 것은 아무런 의미도 없겠지요.

$$\text{KOSPI} = \frac{\text{비교시점의 시가총액}}{\text{기준시점의 시가총액}} \times 100,$$

$$\text{KOSDAQ} = \frac{\text{비교시점의 시가총액}}{\text{기준시점의 시가총액}} \times 1,000$$

〈표 4-1〉 소비자물가지수의 품목수와 가중치

분류내역	가중치	품목수
총 지 수	1000.0	489
(식료품·비주류음료)	140.4	131
곡 물	28.0	14
육 류	21.0	7
어 개	16.6	19
낙 농 품	11.2	5
유 지	1.1	2
과 실	17.3	15
채 소·해 초	19.2	32
과 자·당 류	8.1	9
조미료·기타식품	10.9	18
차	1.7	4
음 료	5.3	6
(주 류·담 배)	14.6	9
주 류	3.8	7
담 배	10.8	2
(의 복·신 발)	58.4	42
남 자 의 류	23.4	15
여 자 의 류	19.5	14
아동복·유아복	4.3	2
기 타 의 류	1.9	4
의 류 서비스	2.1	2
신 발	7.2	5
(주거 및 수도·광열)	170.4	19
집 세	97.5	2
주택설비수리	6.8	5
상하 수도료	7.8	2
기 타 주 거	14.6	3
전 기 료	19.0	1
가 스 료	17.6	3
연 료	7.1	3
(가구집기·가사용품)	41.7	52
가 구	7.9	8
침구·직물제품	2.4	3
가정용 기구	12.7	15
가정용기구수리서비스	1.2	3
주 방 용 품	2.5	10
가사 소모품	3.7	11
가사 서비스	11.3	2
(보 건 의 료)	51.6	28
의 약 품	16.8	16
의 료 용 품	2.7	5
의료 서비스	30.6	4
기타 의료서비스	1.5	3
(교 통)	109.0	31
차량 구입비	21.7	6
차 량 연 료	47.0	3
차량부품·수리비	6.8	5
기타차량서비스	3.6	5
철도 이용료	5.3	2
육상 이용료	20.6	2
항공 이용료	2.4	4
기타차량이용서비스	1.6	2
(통 신)	60.2	13
우편 서비스	0.1	1
전 화 기	3.6	2
전화·정보이용료	56.5	10
(교 양·오 락)	56.3	64
영상·음향기기	4.0	5
정보처리기기·소모품	5.3	7
악기·오락용품	5.8	9
오락·운동서비스	9.7	15
문화 서비스	12.6	11
도 서	7.7	7
신 문·잡 지	1.4	2
문 방 구	1.8	6
단 체 여 행	8.0	2
(교 육)	110.9	23
유치원·초등교육	36.3	6
중 등 교 육	40.0	6
고 등 교 육	26.6	6
기 타 교 육	8.0	5
(외 식·숙 박)	132.7	43
외 식	130.6	39
숙 박	2.1	4
(기 타 잡 비)	53.8	34
이미용서비스	17.3	4
이 미 용 품	17.5	20
개 인 용 품	8.4	5
기타 서비스	10.6	5

(출처 : 〈통계행정편람 2008〉, 통계청, 2008)

〈표 4-2〉 상품성질별 소비자물가지수 분류내역

분 류 내 역	가중치	품목수	분 류 내 역	가중치	품목수
○상 품	395.8	329	○ 서 비 스	604.2	160
(농 축 수 산 물)	88.4	71	(집 세)		
농 산 물	54.5	50	(공 공 서 비 스)	97.5	2
축 산 물	20.5	6	(개 인 서 비 스)	163.1	32
수 산 물	13.4	15	외 식	343.6	126
(공 업 제 품)	307.4	258	외식제외서비스	130.6	39
가 공 식 품	61.2	70		213.0	87
내 구 재	63.9	49			
섬 유 제 품	51.5	38			
출 판 물	9.1	9			
석 유 류	53.9	6			
의 약 품	11.9	14			
화 장 품	11.7	10			
기타 공업제품	44.2	62			

(출처 : 〈통계행정편람 2008〉, 통계청, 2008)

다음으로, 한국은행에서 만드는 생산자물가지수는 "국내에서 생산하여 국내시장에 출하되는 모든 재화와 서비스요금(부가가치세를 제외한 공장도 가격)의 변동을 측정하기 위하여 작성하는 지수"로서 2009년 현재 기준년도는 역시 2005년입니다. 지수를 계산하는 품목은 개별품목 거래액이 상품의 경우 모집단 거래액의 1/10,000 이상인 801개 상품, 서비스의 경우 1/2,000이상인 거래비중을 갖는 83개 품목으로 이루어집니다. 즉 소비자물가지수보다 훨씬 많은 품목으로 계산하고 있지요.

한편 정부에서 발표하는 공식적인 물가지수는 사람들이 느끼는 체감물가지수와 상당히 다릅니다. 이런 현실을 감안하여 통계청에서는 보조 물가지수들도 만들고 있습니다. 가령 소비자물가지수보다는 적은 품목으로 계산하는 '생활물가지수'라는 것이 있는데 이 지수는 기본생필품을 중심으로 한 약 150여개 품목으로 구성됩니다.

물가지수는 생활과 밀접한 지수일 뿐 아니라 시간에 따른 소득의 상대적인 가치를 비교할 때에도 중요한 역할을 합니다. 다음 절에서 국민소득을 계산하는 몇 가지 지표들을 살펴본 다음 물가지수와 소득의 관계에 대해서도 알아봅시다.

2. 국민소득

한 나라의 소득을 파악하는 대표적인 방법은 국민소득을 계산하는 방법입니다. 국민소득을 나타내는 방법에도 GDP, GNP, GDI, GNI 등 여러 가지가 있습니다. 한국은행 경제통계국에서 낸 설명 자료를 바탕으로 이러한 지표들에 대해 알아봅시다. 먼저 국민소득을 나타내는 지표는 크게 생산지표와 소득지표로 구분됩니다. 그리고 모든 지표들은 명목지표와 실질지표로 나눌 수 있습니다. 명목지표란 그 지표를 계산하는 당시의 가격을 기준으로 구한 것인데 해당 연도의 물가 변동으로 인해 연도별 소득 비교나 경제성장률을 구하는 데에는 적절하지 못한 지표입니다. 실질 지표는 가격의 변화를 제거하기 위해 기준 연도의 가격을 사용하거나 우리가 나중에 공부할 연쇄가중방법을 써서 소득을 계산하게 됩니다.

1 국내총생산(GDP)

생산지표 가운데 가장 대표적인 것이 GDPGross Domestic Product, 즉 국내총생산입니다. GDP는 한 나라의 영역 내에서 가계, 기업, 정부 등 모든 경제주체가 일정기간 동안 새로이 생산한 재화와 서비스의 가치(부가가치)를 금액으로 평가하여 합계한 거시경제의 핵심 총량지표라고 할 수 있습니다. GDP는 명목, 실질 두 가지 방법으로 계산하는데 먼저 명목 국내총생산GDP valued at current prices은 국내에서 생산된 최종생산물의 수량에 그 때의 가격을 곱하여 계산합니다. 그리고 실질 국내총생산GDP valued at chained xxxx year prices은 경제성장률 산정에 이용되는 지표로서 지수기준년부터 당해년까지 매년의 개별 재화와 서비스의 가중치및 수량 변화를 반영해 측정한 연쇄 물량지수에 지수기준년xxxx년, 현재 2005년의 GDP 금액을 곱하여 계산합니다. 여기서 연쇄지수에 대해 조금 더 알아봅시다.

UN, IMF, OECD 등 국제기구에서는 국민소득통계 등의 국민계정 편제에 관한 국제 기준을 마련하는데 1993년에 이어 2008년에도 새로운 기준을 내놓았습니다. 흔히 SNASystem of National Accounts라고 불리는 이 기준은 경제현실을 잘 반영하는 통계를 만들기 위한 것으로서 개정된 국제기준에서는 연쇄지수를 이용한 실질GDP 추계를 권고하고 있습니다. 이에 따라 우리나라도 2009년 3월부터 실질GDP 추계방법을 기존 고정가중법에서 연쇄가중법으로 변

경하기로 하였습니다.[3]

고정가중법fixed weighted method이란 우리나라에서 2009년 이전까지 사용해 왔던 방식으로서 기준년 개편이 있기 전까지 매년 동일한 기준년예 : 2005년을 사용합니다. 반면 연쇄가중법chained weighted method은 기준년이 고정되는 것이 아니라 매년 직전년도로 바뀌어 적용됩니다. 아래에 있는 예를 통해 계산 연습을 해보기 바랍니다.

두 가지 상품 A, B만 생산된다고 가정하고 3년 동안 두 상품의 가격 및 물량이 다음과 같다고 해봅시다. 아래 표에서 합계가 바로 그 해의 명목GDP가 됩니다.

	2005			2006			2007		
	가격	수량	가격 × 수량	가격	수량	가격 × 수량	가격	수량	가격 × 수량
상품 A	10	6	60	8	7	56	5	10	50
상품 B	4	5	20	5	10	50	10	12	120
합(명목 GDP)		80			106			170	

2005년의 가격을 기준으로 삼아 고정가중법으로 실질GDP를 계산하면 다음과 같습니다. 실질GDP를 구하고 나면 2005년 GDP를 기준으로 2006, 2007년의 경제성장률을 계산할 수 있겠지요.

3 한국은행 경제통계국, 〈연쇄가중 경제성장률 이해〉, 2009.

	2005			2006			2007		
	가격	수량	가격 × 수량	가격	수량	가격 × 수량	가격	수량	가격 × 수량
상품 A	10	6	60	10	7	70	10	10	100
상품 B	4	5	20	4	10	40	4	12	48
합(실질 GDP)	80			110			148		
경제 성장률(%)				$\frac{(110-80)}{80}\times 100 = 37.5$			$\frac{(148-110)}{110}\times 100 = 34.5$		

연쇄가중법을 이용하여 실질GDP를 구하려면 다음과 같은 계산이 필요하겠습니다. 먼저 2005년의 가격으로 2006년의 연환지수를 계산하고 2006년의 가격으로 다음해인 2007년의 연환지수를 계산합니다. 여기서 2006년의 연환지수는

$$I_{2006} = \frac{\sum(2005년\ 가격 \times 2006년\ 수량)}{\sum(2005년\ 가격 \times 2005년\ 수량)}$$

으로 계산하고 2007년의 연환지수는

$$I_{2007} = \frac{\sum(2006년\ 가격 \times 2007년\ 수량)}{\sum(2006년\ 가격 \times 2006년\ 수량)}$$

와 같이 계산합니다.

	2006				2007		
	2005 가격	2006 수량	2005가격 × 2006수량	2006가격 × 2006수량	2006 가격	2007 수량	2006가격 × 2007수량
상품 A	10	7	70	56	8	10	80
상품 B	4	10	40	50	5	12	60
합			110	106			140
연환지수	$\frac{110}{80}\times 100 = 137.5$				$\frac{140}{106}\times 100 = 132.1$		

이처럼 구한 연환지수를 누적적으로 곱해서 다음과 같이 연쇄지수를 구합니다.

$$2006년의\ 연쇄지수(IC_{2006}) = I_{2006},$$
$$2007년의\ 연쇄지수(IC_{2007}) = I_{2006} \times I_{2007},$$
$$2008년의\ 연쇄지수(IC_{2008}) = I_{2006} \times I_{2007} \times I_{2008},$$
$$\cdots$$

따라서 위의 예에서는

$$IC_{2006} = I_{2006} = 137.5,$$
$$IC_{2007} = I_{2006} \times I_{2007} = 137.5 \times 132.1/100 = 181.64$$

이렇게 구한 연쇄지수를 기준연도의 GDP에 곱하여 연쇄가중 실질 GDP를 계산합니다.

$$\begin{aligned}\text{2006년 연쇄가중 실질GDP} &= \text{2005년 GDP} \times IC_{2006}\\ &= 80 \times 137.5\\ &= 110\end{aligned}$$

$$\begin{aligned}\text{2007년 연쇄가중 실질GDP} &= \text{2005년 GDP} \times IC_{2007}\\ &= 80 \times 181.64\\ &= 145.3\end{aligned}$$

마지막으로 이렇게 구한 실질GDP를 가지고 연도별 경제성장률을 구합니다.

$$\begin{aligned}\text{2006년의 경제성장률} &= \frac{\text{2006년 실질GDP} - \text{2005년 GDP}}{\text{2005년 GDP}} \times 100\\ &= \frac{(110 - 80)}{80} \times 100 = (\frac{110}{80} - 1) \times 100\\ &= (IC_{2006} - 1) \times 100\\ &= 37.5\%\end{aligned}$$

$$2007\text{년의 경제성장률} = \frac{2007\text{년 실질GDP} - 2006\text{년 실질GDP}}{2006\text{년 실질GDP}} \times 100$$

$$= \frac{(145.3 - 110)}{110} \times 100 = (\frac{145.3}{110} - 1) \times 100$$

$$= (IC_{2007} - 1) \times 100$$

$$= 32.1\%$$

이처럼 연쇄가중법으로 경제성장률을 구하는 과정은 기준연도의 가격만 사용하는 고정가중법에 비해 바로 직전 해의 가격으로 계속 업데이트한 새로운 가격을 사용합니다. 따라서 신기술 개발 등 여러 요인에 따라 변화가 빠른 시대에 더 적합한 방법이라고 할 수 있겠지요. 반면에 다소 복잡한 계산을 거쳐야한다는 단점도 갖습니다. 그리고 명목GDP를 실질GDP로 나눈 값을 GDP 디플레이터GDP deflator라고 부르며 포괄적인 물가지수로 사용됩니다.

앞서 소비자물가지수와 생산자물가지수에 대해 공부할 때 살펴보았듯이 각 물가지수는 지수 계산에 포함되는 대상품목이나 가중치가 서로 다릅니다. 예컨대 수입 물품의 가격은 소비자물가지수에는 들어가지만 생산자물가지수나 GDP 디플레이터에는 포함되지 않지요. 또한 소비자물가지수는 소비 단계를 기준으로 하고 생산자물가지수는 주로 기업 간의 상품과 서비스 거래단계를 포착하기 때문에 서로 거래단계도 다릅니다. GDP 디플레이터가 다른 물

(기준연도 : 2005=100)

	GDP 디플레이터	소비자 물가지수	생산자 물가지수
1990	51.9	51.7	64.8
1991	57.2	56.5	67.9
1992	61.7	60.1	69.4
1993	65.6	62.9	70.4
1994	70.7	66.9	72.3
1995	75.9	69.9	75.7
1996	79.7	73.3	78.2
1997	82.8	76.6	81.2
1998	86.9	82.3	91.1
1999	86.0	83.0	89.2
2000	86.8	84.9	91.0
2001	90.2	88.3	90.6
2002	93.1	90.8	90.3
2003	96.4	93.9	92.3
2004	99.4	97.3	97.9
2005	100.0	100.0	100.0
2006	99.9	102.2	100.9
2007	101.9	104.8	102.3
2008	104.7	109.7	111.1
2009		112.8	110.9

(출처 : 한국은행 경제통계시스템)

〈표 4-3〉 물가지수

가지수보다 더 '포괄적'이라고 할 수 있는 이유는 한 나라 안에서 생산된 최종생산물 모두를 대상으로 삼기 때문입니다. 가령 주택이나 토지 가격과 같이 소비자물가지수와 생산자물가지수에 포함되지 않는 것들도 GDP 디플레이터에는 포함됩니다.

〈표 4-3〉에서 세 가지 물가지수는 모두 2005년의 지수를 100으로 두고 계산한 것인데 값을 서로 비교해보면 제법 차이가 나는

것을 알 수 있습니다. 이러한 물가지수의 변화(등락률, 물가상승률)을 '인플레이션율inflation rate'이라고 부르기도 합니다.

$$t\text{시점의 인플레이션율} = \frac{t\text{시점의 물가지수} - (t-1)\text{ 시점의 물가지수}}{(t-1)\text{ 시점의 물가지수}}$$

인플레이션이란 물가가 계속해서 오르는 현상을 말하는데 당연히 물가가 오르면 같은 물건을 사는 데 이전보다 돈을 더 내야 하기 때문에 인플레이션이 생기면 화폐 가치가 떨어진다고 보면 되겠지요. 정부나 경제전문가들은 물가가 거의 오르지 않거나 연간 2~3% 정도로 오르는 것은 별다른 문제로 보지 않습니다. 하지만 물가가 지속적으로 상승하는 인플레이션 상황에서는 경제의 효율성이 떨어지고 생산이나 고용에도 나쁜 영향이 나타나게 됩니다. 물론 정부가 적극적으로 개입하여 인플레이션을 억제하면 될 것 같지만 문제가 그리 간단하지 않다고 합니다. 우선 인플레이션율을 낮추면 단기적으로 실업률이 올라가는 문제가 생깁니다. 그 관계를 나타내는 것이 바로 '필립스곡선Philips curve'인데 이 책에서는 거기까지 다루기 어려우므로 이러한 주제에 대해 보다 상세하게 공부하려면 경제학 책을 읽으시기 바랍니다.[4] 한때 'dismal science음울한 학문'이라고도 불렸던 경제학 분야의 책은 너무나 많아서 골라

4 노택선, 김중렬, 〈경제학101〉, 해남, 2008, 109~155쪽.

보기 어렵습니다. 그 가운데 각주에 소개한 책은 한국 경제학자들이 쓴 책인 만큼 한국 경제 통계와 그래프, 표들이 많이 들어있습니다. 혹시 미국 경제에 대해 더 관심이 있다면 스티그리츠나 크루그먼처럼 노벨경제학상을 받은 미국 경제학자가 쓴 두꺼운 책의 번역서를 보셔도 되겠지요.[5]

(단위:%)

	생산자물가 등락률	소비자물가 등락률	근원 인플레이션율
1990	4.2	8.6	8.4
1991	4.7	9.3	8.3
1992	2.2	6.2	6.2
1993	1.5	4.8	5.2
1994	2.7	6.3	5.1
1995	4.7	4.5	4.6
1996	3.3	4.9	5.1
1997	3.8	4.4	3.4
1998	12.2	7.5	5.9
1999	−2.1	0.8	0.3
2000	2	2.3	1.9
2001	−0.4	4.1	3.6
2002	−0.3	2.8	3
2003	2.2	3.5	3.1
2004	6.1	3.6	2.9
2005	2.1	2.8	2.3
2006	0.9	2.2	1.8
2007	1.4	2.5	2.4
2008	8.6	4.7	4.2
2009		2.8	3.6

(출처 : 한국은행 경제통계시스템)

〈표 4-4〉 인플레이션율

5 스티글리츠, 조지프, 〈경제학〉, 김균, 백영현, 안현효, 이병천 옮김, 한울아카데미, 2002; 크루그먼, 폴, 〈경제학〉, 김재영, 박대근, 전병헌 옮김, 시그마프레스, 2008.

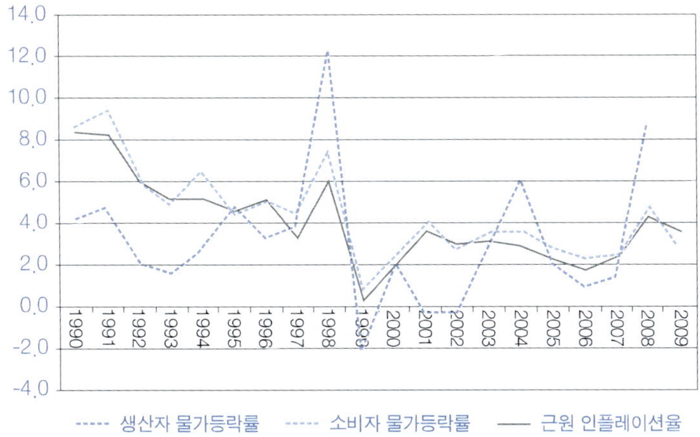

〈그림 4-1〉 인플레이션율

우리가 보통 인플레이션율이라고 할 때에는 세 가지 물가지수 가운데 소비자물가지수를 가지고 구한 인플레이션율을 일컫습니다. 〈표 4-4〉의 등락률을 보면 어떤 물가지수로 계산했는가에 따라 값의 부호가 아예 달라지는 경우도 있습니다. 그런데 한국은행에서 발표하는 거시경제지표 가운데에는 '근원인플레이션율core inflation rate'이라는 것도 있습니다. 이 값은 식료품비와 연료비를 제외하고 구한 소비자물가지수를 바탕으로 계산한 인플레이션율이라고 생각하면 됩니다. 근원인플레이션을 계산하는 이유는 곡물이나 원유 등은 기상조건이나 전쟁과 같은 경제외적인 요인에 따라 자주 큰 폭으로 가격이 변동하는 물품들이기 때문이라고 합니다. 그림을 통해 지난 20년 동안의 세 가지 인플레이션율을 비교해보면 근원 인플레이션율의 변동폭이 가장 작은 것을 알 수 있을 것입니다.

2 GDI, GNI

GDP가 국민소득을 나타내는 생산지표의 대표인 반면 소득지표로는 국내총소득GDI, 국민총소득GNI 등이 있습니다. 실질 국내총소득real Gross Domestic Income은 국내에서 생산된 최종생산물의 실질 구매력을 나타내주는 지표로서 실질GDP에서 교환되는 상품간의 상대가격 변화에 따른 구매력의 변동분 즉 상대가격변화에 따른 실질거래손익을 조정한 것이라고 할 수 있습니다. 계산식은 다음과 같습니다.

실질 GDI = 실질 GDP + 교역조건 변화에 따른 실질무역손익

그런데 여기서 '상대가격 변화에 따른 실질거래손익'은 국내 거주자간의 거래에서는 거래손실과 거래이익이 서로 상쇄되므로 거주자와 비거주자간의 거래, 즉 무역에서만 발생합니다. 따라서 이를 '교역조건 변화에 따른 실질무역손익'이라 부릅니다.

한편 실질 국민총소득real Gross National Income이란 우리나라 국민이 국내는 물론 국외에서 벌어들인 소득의 실질구매력을 나타내는 지표로서 실질GDI에서 외국인이 국내에서 벌어간 실질소득은 빼고 우리 국민이 국외에서 벌어들인 실질소득은 더하여 산출합니다. 또 명목 국민총소득nominal Gross National Income은 1인당 국민소득, 국

가경제규모 등을 파악하는 데 이용되는 지표로 우리나라 국민이 국내는 물론 해외에서 생산 활동에 참여한 대가로 벌어들인 명목 총소득을 의미합니다.

명목GNI = 명목GDP + 명목 국외순수취요소소득

연간의 명목 국민총소득을 연앙인구로 나누면 1인당 국민소득GNI을 얻을 수 있는데 이 값은 국민들의 생활수준을 나타내는 지표로 사용됩니다. 또 명목GNI에 국외순수취경상이전을 더하여 국민총처분가능소득Gross National Disposable Income을 계산하게 되는데 이는 소비율, 투자율, 저축률 등을 구할 때 이용되는 지표로서 소비나 저축으로 자유로이 처분할 수 있는 총소득을 말합니다.[6] 우리나라에서는 종전까지 국민총생산GNP을 경제성장률의 중심지표로 썼었지만 1995년 이후 국내총생산GDP을 가지고 경제성장률을 구하고 있습니다. 또 1999년부터는 국민총소득GNI도 산출하고 있습니다.

우리가 공부한 소득 지표를 포함한 주요 경제 지표들이 그동안 어떻게 변해왔는지 〈표 4-5〉에서 볼 수 있습니다. 표에 나타난 가격은 명목가격입니다.

6 한국은행 경제통계국, 〈경제통계의 이해와 활용〉, 2009, 60~61쪽.

〈표 4-5〉 주요 경제 지표

	GDP (십억원)	GNI (십억원)	국민가처분소득 (십억원)	1인당 GNI (만원)	1인당 GNI (달러)	총저축률 (%)	총투자율 (%)
1980	38,775	38,118	35,258	100	1,645	24.7	31.9
1985	84,061	82,033	74,090	201	2,309	31.2	30.4
1986	98,110	96,013	87,037	233	2,643	34.9	29.4
1987	115,164	113,661	102,841	273	3,321	38.4	30.3
1988	137,112	136,179	122,722	324	4,435	40.4	31.2
1989	154,753	154,420	138,238	364	5,418	37.6	33.8
1990	186,691	186,560	166,553	435	6,147	37.5	37.4
1991	226,008	225,660	201,960	521	7,105	37.6	39.7
1992	257,525	257,108	230,356	588	7,527	36.8	37.2
1993	290,676	290,088	259,158	656	8,177	36.7	35.7
1994	340,208	339,343	304,158	760	9,459	36.3	36.9
1995	398,838	397,459	349,282	881	11,432	36.3	37.8
1996	448,596	446,856	389,927	982	12,197	35.5	39
1997	491,135	488,457	423,147	1,063	11,176	35.5	36.1
1998	484,103	476,245	406,685	1,029	7,355	37.5	25.2
1999	529,500	523,355	446,572	1,123	9,438	35.3	29.3
2000	603,236	600,159	517,626	1,277	11,292	33	30.7
2001	651,415	649,899	561,200	1,372	10,631	31.1	29.3
2002	720,539	720,996	625,949	1,514	12,100	30.5	29.3
2003	767,114	767,771	664,597	1,604	13,460	31.9	30
2004	826,893	829,327	719,550	1,726	15,082	34	29.9
2005	865,241	864,427	748,041	1,796	17,531	32.1	29.8
2006	908,744	910,134	785,885	1,884	19,722	30.8	29.7
2007	975,013	976,814	844,616	2,016	21,695	30.8	29.5
2008	1,023,938	1,030,636	894,153	2,120	19,231	30.7	31.2

(출처 : 한국노동연구원, 〈2009 KLI 노동통계〉, 4쪽)

여러 나라의 국민소득을 비교하려면 자기 나라 통화로 표시된 통계를 특정 통화단위로 바꾸어야하겠지요. 이때 지금까지는 주로 미국 달러화를 사용하는데 자국통화와 달러화 사이에 어떤 환율을 적용하는가에 따라 소득 값이 달라질 것입니다. 주로 사용하는 환율에는 시장 환율과 구매력평가purchasing power parity, PPP 환율이 있습니다. 시장 환율이란 통화의 실제 구매력과는 관계없는 환율로서 금리, 국제수지, 정치적 상황 등으로부터 영향을 받아 계속 변하는 환율입니다. 이에 반해 구매력평가 환율은 개별 국가의 상품별 가격 비를 고려하여 구하는 환율로서 국가 간의 물가 수준의 차이를 제거한 환율이라고 할 수 있습니다.[7]

7 한국은행, 〈우리나라의 국민계정체계〉, 2005, 384~373쪽.

Part V

소득분배와 빈곤

1. 소득분배

우리는 흔히 전체 GDP 또는 1인당 GDP를 가지고 나라별로 비교도 하고 성장률을 구하기도 합니다만 이 지표는 가사노동의 가치를 전혀 포함하지 않는다거나 음성적인 거래를 포함할 수 없다거나 교통사고와 같이 국민의 복지에 역행하는 사고가 많이 날수록 증가한다는 등 여러 문제점도 갖고 있습니다. 또한 GDP는 총량 국민소득을 나타내는 값으로서 그 소득이 어떻게 분배되는가에 대해서는 아무 것도 알려주지 않습니다. 즉 GDP가 높다고 해서 그 나라 사람들의 복지수준이나 삶의 만족도가 높지는 않다는 것이지요. 여기서 소득분배를 나타내는 지표에 대해 알아봅시다.

소득의 분배를 나타내는 방법 가운데 가장 널리 사용되고 있는 방법은 지니계수Gini index, Gini coefficient일 것입니다. 지니Corrado Gini, 1884~1965는 이탈리아의 사회학자이자 20세기 전반 이탈리아 통계학을 대표하는 사람이었는데, 한편으로 무솔리니의 파시즘에 적극 동조한 학자이기도 합니다. 그가 오늘날 지니계수에 해당하는 내용이 포함된 논문을 발표한 때는 1912년이었습니다. 지니계수는 보통 로렌츠곡선을 이용해서 설명하는데 로렌츠Max Otto Lorenz, 1880~1962는

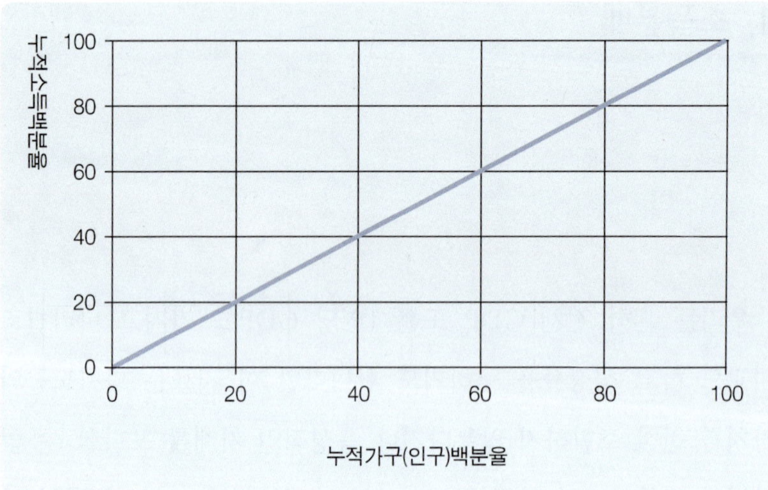

〈그림 5-1〉 로렌츠 곡선 (완전균등소득)

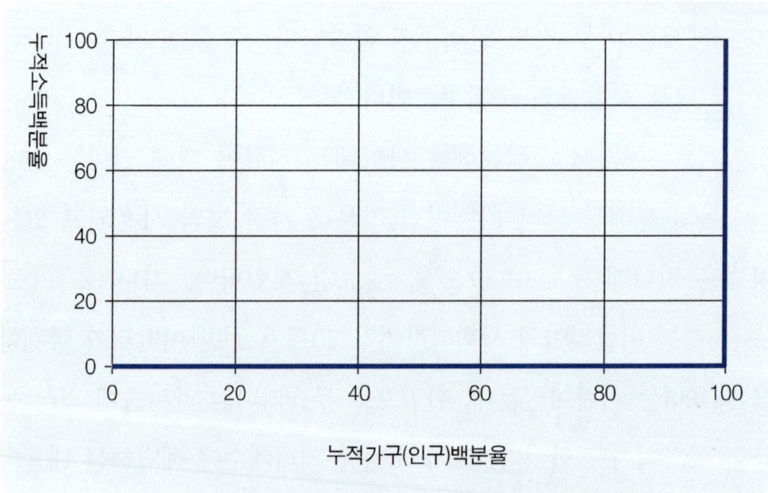

〈그림 5-2〉 로렌츠곡선 (완전불균등소득)

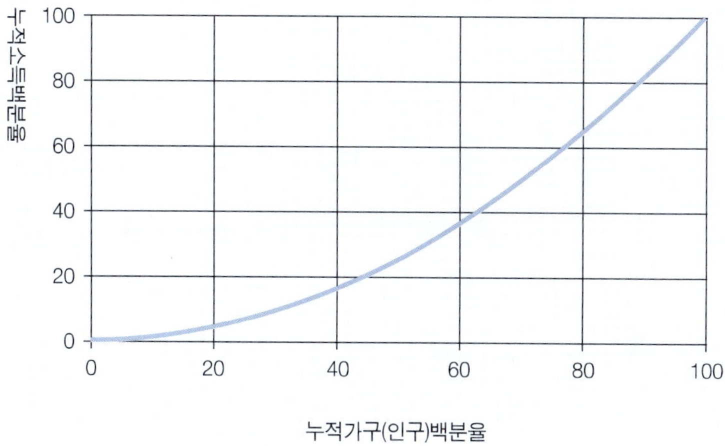

〈그림 5-3〉 일반적인 로렌츠 곡선

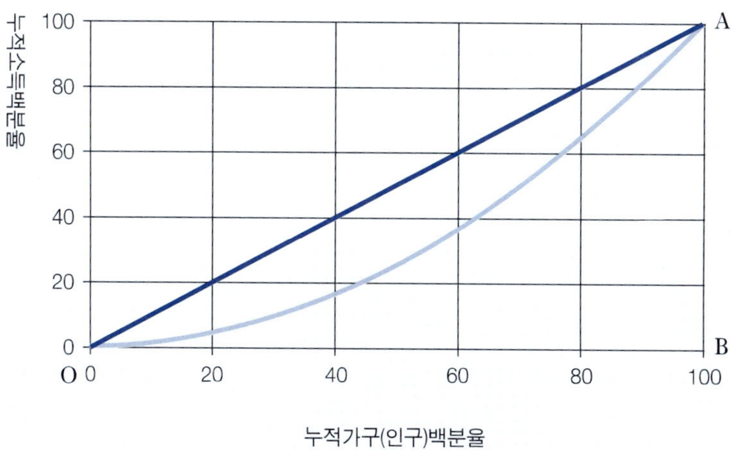

〈그림 5-4〉 로렌츠곡선과 지니계수

미국의 경제학자로서 1905년에 부의 불평등에 대한 글에서 이 곡선을 처음 소개하였습니다.

위의 그림들에서 가로축은 가구(또는 인구)를 가장 가난한 가구부터 가장 부유한 가구 순으로 나열했을 때 각 가구가 전체에서 차지하는 위치를 백분율로 나타낸 것이고 세로축은 가구의 소득을 마찬가지 방법으로 나열했을 때 각 소득의 백분율을 나타냅니다. 만약 소득이 모든 가구에게 완전히 평등하게 분배되는 사회가 있다면 가구의 백분율과 소득의 백분율을 연결한 선로렌츠곡선은 〈그림 5-1〉와 같은 45도 직선이 될 것입니다. 반면 모든 소득을 단 한 가구가 독점하는, 즉 완전히 불균등한 분배가 이루어지는 사회라면 그 선은 〈그림 5-2〉과 같이 직각을 이루는 모양이 될 것인데 현실에서 그렇게 극단적인 균등분배나 극단적인 불균등분배가 이루어지는 경우는 드물기 때문에 대개의 로렌츠곡선은 〈그림 5-3〉처럼 아래로 처진 곡선 모양이 됩니다. 이때 분배 불균등이 심한 사회일수록 곡선은 더욱 더 아래로 처진 모양이겠지요. 지니계수는 완전균등분배 로렌츠곡선과 현실의 로렌츠곡선 사이의 면적을 삼각형 OAB의 면적으로 나눈 것입니다. 따라서 완전히 불균등하게 분배가 이루어지는 사회라면 지니계수 값이 1이 될 것이고 완전히 균등하게 분배가 이루어지는 사회에서는 그 값이 0이 되겠습니다. 따라서 지니계수가 클수록, 즉 1에 가까울수록 그 사회는 분배가 균등하지 못한 사회라고 보면 되겠습니다.

통계청의 자료를 찾아보면 지니계수를 '균등화소득equivalent income'을 가지고 구했다고 되어있습니다. 균등화소득이란 가구원의 수가 많으면 필요한 지출도 많아질 것을 감안하여 계산하는 소득인데 소득을 가구원수의 제곱근으로 나누어서 구합니다. 일종의 1인당소득이라고 보면 되겠습니다. 또한 통계청에서는 지니계수를 시장소득과 가처분소득 두 가지 소득에 대해 따로 계산한 것을 보여주면서 두 가지 소득을 다음과 같이 정의하고 있습니다.

시장소득 = 근로소득 + 사업소득 + 재산소득 + 사적 이전소득

가처분소득 = 시장소득 + 공적 이전소득 − 공적 비소비지출

여기서 이전소득이란 친척, 친지로부터 받는 보조금사적 이전소득 또는 정부나 지방자치단체로부터 받는 공적 연금, 사회보장 급여 등공적 이전소득을 말하고 공적 비소비지출이란 사회보장분담금, 소득세 등을 말하는데, 시장소득으로 계산한 지니계수가 조금 더 높습니다.

OECD에서 발표한 각국의 지니계수는 〈표 5-1〉과 같습니다. 이 표를 보면 우리나라의 지니계수는 2000년대 중반 값0.312만 나와 있는데 이 값은 다른 나라와 비교해서 크게 높은 편은 아닙

〈표 5-1〉 OECD 국가의 지니계수

국가명	70년대 중반	80년대 중반	1990년 경	90년대 중반	2000년 경	2000대 중반
호주				0.309	0.317	0.301
오스트리아		0.236		0.238	0.252	0.265
벨기에		0.274		0.287	0.289	0.271
캐나다	0.295	0.287		0.283	0.301	0.317
체코			0.232	0.257	0.260	0.268
덴마크		0.221	0.226	0.215	0.226	0.232
핀란드	0.235	0.207		0.228	0.261	0.269
프랑스		0.313	0.302	0.281	0.281	0.281
독일		0.257	0.258	0.272	0.270	0.298
그리스	0.412	0.336		0.336	0.345	0.321
헝가리			0.273	0.293	0.293	0.291
아이슬란드						0.280
아일랜드		0.331		0.324	0.304	0.328
이탈리아		0.309	0.297	0.348	0.343	0.352
일본		0.304		0.323	0.337	0.321
한국						0.312
룩셈부르크		0.247		0.259	0.261	0.258
멕시코		0.452		0.519	0.507	0.474
네덜란드	0.251	0.259	0.278	0.282	0.278	0.271
뉴질랜드		0.271	0.318	0.335	0.339	0.335
노르웨이		0.234		0.256	0.261	0.276
폴란드					0.316	0.372
포르투갈	0.354		0.329	0.359	0.356	0.385
슬로바키아						0.268
스페인		0.371	0.337	0.343	0.342	0.319
스웨덴	0.212	0.198	0.209	0.211	0.243	0.234
스위스					0.279	0.276
터키		0.434		0.490		0.430
영국	0.282	0.325	0.373	0.354	0.370	0.335
미국	0.316	0.338	0.349	0.361	0.357	0.381
OECD평균						0.311

(출처 : 〈2009 OECD 사회통계지표〉, 보건복지가족부, 2009)

니다. 표에는 나타나있지 않습니다만 통계청 자료에 따르자면 우리나라의 지니계수는 꾸준히 상승하는 추세를 보이고 있습니다. 1990년대 말 외환위기 이전에는 물론 외환위기 직후 큰 폭으로 상승했던 시기의 지니계수도 0.3 미만이었습니다만 2000대 중반을 지나면서 0.3을 넘어섰습니다.

한편 다른 많은 통계들이 그러하듯 지니계수 역시 발표 기관마다 종종 서로 다른 값을 내놓고 있습니다. 예컨대 미국의 정보기관인 CIA에서는 〈표 5-1〉과 비슷한 결과로 우리나라의 지니계수를 0.313[2007]으로 나타내고 세계에서 가장 지니계수가 낮은 나라 중 하나인 스웨덴의 값은 0.230[2005]으로 나타낸 반면, 미국 자신의 지니계수는 위의 표와 크게 다른 0.450[2007]으로 나타내고 있습니다. 미국 정부의 발표에 따르면 2008년 미국의 지니계수는 0.466으로 더욱 높아졌다고 합니다. 보통 지니계수가 0.4를 넘으면 소득 불평등의 정도가 심각하다고 평가하는데 미국의 경우는 대단히 심각한 경우라고 하겠습니다.

우리는 나라 전체의 가구를 대상으로 계산한 지니계수 이외에 다양한 범주에 따라 따로따로 지니계수를 구하여 보다 세밀하게 분배에 대해 알아볼 수도 있겠습니다. 예컨대 지역별로 나누어서 계산할 수도 있을 것이고 전체가구에서 도시가구를 따로 분리하여 계산해볼 수도 있겠습니다. 또한 가구원 수에 따라 지니계수를 계산해볼 수도 있겠지요. 그런 분석을 통해 노인 단독가구의 빈곤

정도를 살필 수도 있겠습니다.

또한 소득을 임금이 중심이 되는 근로소득과 이자나 투자로 얻는 소득으로 나누어 살펴볼 수도 있습니다. 예컨대 통계청 자료가 아니고 한국노동연구원의 한국노동패널 자료를 바탕으로 가구소득을 금융소득, 부동산소득, 기타소득, 자산소득, 근로소득 등으로 나누어 지니계수를 계산한 연구를 보면 근로소득 지니계수보다 다른 소득 지니계수가 모두 두 배 이상인 것을 알 수 있습니다.[1]

그리고 소득을 가지고 계산하는 지니계수 외에 소유하고 있는 자산을 이용하여 지니계수를 계산할 수도 있는데 소유하고 있는 주택이나 땅의 가치를 가지고 지니계수를 구하면 소득 지니계수와 비슷한 값이 나올까요? 그렇지 않습니다. 우리나라의 경우 그렇게 계산한 지니계수는 소득 지니계수의 두 배, 세 배에 달합니다. 즉 부동산 소유 측면에서의 불평등이 대단히 극심하다는 말입니다. 〈표 5-2〉는 한국노동사회연구소 김유선 소장이 2005년 당시 행정자치부의 토지소유현황 자료를 가지고 만든 표입니다.[2] 우리 사회에서 소득의 양극화보다 자산 소유의 양극화가 훨씬 심각한 것 같습니다. 부동산 보유에 있어서 마찬가지로 극단적인 결과를 〈대통령자문 빈부격차, 차별시정위원회〉의 자료를 이용하여 구한 결과에서도 볼 수 있는데 그 결과에 따르면 주택가격으로 구한 지니

1 김문조, 〈한국사회의 양극화〉, 집문당, 2008, 53쪽.

2 김유선, "토지소유 불평등과 불로소득", 〈노동사회〉 2005, 10월호.

〈표 5-2〉 개인별, 가구별 토지소유 분포와 지니계수

		상위 1%	상위 5%	상위 28.7%	상위 59.6%	지니계수
개인	면적기준	51.5%	82.7%	100%		0.9235
	땅값기준	37.8%	67.9%	100%		0.8882
가구	면적기준	34.1%	62.8%		100%	0.8059
	땅값기준	26.9%	51.2%		100%	0.7468

계수는 0.96, 토지와 주택가격을 합산하여 구한 지니계수는 0.94라고 합니다.[3] 놀라운 값이 아닐 수 없습니다.

지니계수 이외에 불평등을 측정하는 방법으로 5분위배율이 있습니다. 5분위배율은 가구(또는 개인) 소득을 크기순으로 나열한 다음 상위 20%의 평균소득을 하위 20%의 평균소득으로 나눈 값입니다. 따라서 5분위배율이 높을수록 소득분배가 평등하지 못하다고 보면 되겠지요. 우리나라의 경우 지니계수와 마찬가지로 5분위배율 역시 점차 높아지는 추세입니다. 통계청의 통계포털 자료를 편집한 〈표 5-3〉을 보면 전국 가구의 시장소득으로 볼 때 상위 20%의 평균소득이 하위 20% 평균소득의 7.5배를 넘어선 것을 볼 수 있습니다.

모든 지수가 그렇지만 지니계수도 결점이 없을 수가 없겠지요. 흔히 지니계수는 중간층의 소득 변화는 잘 나타내지만 극빈층의 소득 변화는 민감하게 나타내지 못한다고들 비판합니다. 따라서

3 김문조, 〈한국사회의 양극화〉, 집문당, 2008, 79쪽.

불평등 정도를 나타내는 지수로는 지니계수 말고도 몇 가지가 더 사용되고 있습니다. 앳킨슨지수Atkinson index, 후버지수Hoover index, 타일지수Theil index 등이 그런 것들인데 소득분배를 주제로 삼은 책이나 〈2008년 빈곤통계연보〉 등에서 그 중 몇 가지 통계를 찾을 수 있습니다.[4]

〈표 5-3〉 우리나라의 지니계수와 소득5분위배율

년	시장소득				가처분소득			
	지니계수		5분위배율		지니계수		5분위배율	
	전국 전가구	도시가구 (1인 및 농가제외)	전국 전가구	도시가구 (1인 및 농가제외)	전국 전가구	도시가구 (1인 및 농가제외)	전국 전가구	도시가구 (1인 및 농가제외)
1996	–	0.272	–	4.17	–	0.264	–	3.99
1997	–	0.268	–	4.09	–	0.262	–	3.94
1998	–	0.295	–	4.94	–	0.287	–	4.72
1999	–	0.303	–	5.13	–	0.294	–	4.88
2000	–	0.286	–	4.58	–	0.272	–	4.19
2001	–	0.299	–	4.92	–	0.286	–	4.51
2002	–	0.298	–	4.92	–	0.284	–	4.5
2003	–	0.295	–	5.06	–	0.282	–	4.56
2004	–	0.301	–	5.23	–	0.285	–	4.64
2005	–	0.304	–	5.41	–	0.286	–	4.73
2006	0.338	0.313	7.01	5.72	0.312	0.292	5.6	4.85
2007	0.344	0.324	7.28	6.12	0.316	0.3	5.73	5.08
2008	0.348	0.325	7.59	6.2	0.316	0.298	5.74	5

(출처 : 통계청 국가통계포털)

4 한국보건사회연구원, 〈2008년 빈곤통계연보〉, 2008.

2. 빈곤

빈곤이라는 주제는 그리 인기 있는 주제가 아닙니다. 우리는 가난한 집 아이가 공부를 잘 해서 명문대에 들어간 뒤 "공부가 제일 쉬웠어요."라고 말했다는 기사를 읽고 여전히 "열심히 하면 개천에서 용이 날 수도 있나 보다"라고 생각하고 싶어 합니다. 말할 필요도 없이 그와 같은 우리의 생각은 감당하기 어려운 임혹한 현실에서 도피하고 싶은 욕망의 그림자일 뿐입니다. 우리가 들으려고도, 읽으려고도 하지 않고 신문과 방송의 뉴스거리가 될 신선함조차 잃어버린 빈곤은 어느새 우리에게 너무 익숙해져버린 것 같습니다. 그저 도도한 강물과 같다고나 할까요?

교육이라는 문제는 선거에서도 중요한 이슈로 부각되지만 교육보다 더욱 심각하고 풀기 어려울 수도 있는 빈곤은 가끔 찾아오는 선거판에서도 별다른 이슈가 되지 못합니다. 그렇게 낯을 익힌 결과 우리는 어느새 빈곤이라는 것을 개인의 탓이라고 돌리고 있는 건 아닌지요? 저도 우리나라의 빈곤 문제를 연구한 어느 책에서 "이웃의 가난은 그 자체가(우리 자신에게) 고통이자 부끄러움이다"[5]

5 김수현, 이현주, 손병돈, 〈한국의 가난〉, 한국아카데미, 2009, 43쪽.

라는 문장을 만났을 땐 이게 무슨 자선사업 광고인가 싶었답니다. 가난이라는 것을 국가니 사회니 간판을 걸고 있는 공동체가 함께 풀어야할 문제로 생각하지 못하고 있었다는 말이겠지요.

빈곤이란 무엇일까요? 사실 자신이나 다른 사람이 빈곤층에 속하는지 아닌지 판단하는 것은 매우 주관적일 수밖에 없겠습니다. 하지만 빈곤이라는 것을 사회적인 문제로 인식하고 그에 대한 나라의 정책을 만들기 위해서는 어떤 식으로든 빈곤을 정의할 수 있는 객관적인 기준이 필요하겠지요. 그런데 빈곤을 보는 시각이 나라별로 서로 다를 수밖에 없기 때문에 빈곤을 정의하는 방식도 다르고 빈민에 대한 정책 방향도 다릅니다.

우리나라의 경우 1999년에 〈국민기초생활보장법〉을 제정하여 2000년부터 시행하기 이전까지는 〈생활보호법〉을 통해 빈민을 지원했었습니다. 복지를 연구하는 학자들 중에는 빈민정책의 바탕이 생활보호법에서 국민기초생활보장법으로 바뀐 것은 '코페루니쿠스적인 전환'이라고 부를만하다고 평가하는 사람도 있습니다. 즉 생활보호법은 빈곤층에 대해 매우 인색하면서도 시혜적으로 접근하였다면 국민기초생활보장법은 생존권이라는 것 자체를 국민이 누려야할 권리의 하나로 인정하였다는 것이지요. 즉 우리나라에서도 국민의 생존권을 보장하는 것을 국가의 책무로 받아들이게 되었다는 것입니다.

비록 2000년 이후 시행된 우리나라의 새로운 빈곤 정책이 그 이전의 제도에 비해서 크게 달라진 것은 분명합니다만 시행 과정에서 한계 또한 적지 않게 드러낸 바 있습니다. 단적인 예로, 나중에 정부에서 제시한 자료를 통해 살펴보겠습니다만 빈곤층 가운데 국가의 지원을 받는 사람들의 비율은 새로운 법을 시행한 뒤에도 여전히 매우 낮은 수준에 머물러 있습니다.

복지 전문가들은 흔히 국가의 복지제도를 잔여적 모형residual model과 제도적 모형institutional model으로 구분하는데 제도적 모형에서는 국가의 주도로 누구에게나 같은 복지 서비스를 제공하는 반면 잔여적 모형에서는 가족이나 시장의 역할이 강조되고 국가의 지원은 소득과 재산, 가족관계 등을 따져서 소극적으로 제공됩니다. 즉 복지 서비스를 받으려면 까다로운 심사를 거쳐서 빈민이라는 낙인이 찍히는 치욕적인 과정을 거쳐야 한다는 말입니다. 이처럼 잔여적 모형에서는 소수의 빈민이나 실패한 사람들에게만 선별적으로 국가의 복지 서비스가 제공된다면, 제도적 모형에서는 그 사회의 구성원이기만 하면 누구나 서비스 대상이 됩니다.

이런 두 가지 모형 가운데 우리나라의 복지제도는 잔여적 모형에 더 가깝다고 평가됩니다. 현재 제도적 복지 모형을 따르고 있는 나라로는 유럽 여러 나라와 캐나다 등이 있고 잔여적 모형을 따르는 나라는 미국, 일본, 그리고 한국이 있습니다. 그렇다면 복지제도의 성과를 어떻게 측정하고 비교할 수 있을까요? 다른 정책에 대한 비교 평가도 어렵습니다만 특히 복지정책을 비교하기란 쉽지 않겠습니다. 그 사회의 생산성을 비교할 수도 있겠습니다만 최근에는 '사회통합'의 정도를 측정하여 그 사회의 결집력이나 귀속감 등을 알아보려는 시도도 많이 하는 것 같습니다. 물론 그러한 결집력이나 귀속감이 반드시 사회복지제도만의 산물은 아니겠습니다만 질병, 실업, 빈곤, 노후 등을 개인이 책임져야할 일로 치부하는 사회보다 국가에서 기본적인 서비스를 보장해주는 사회가 결집력이 높은 것은 당연한 일이겠지요.

OECD에서 사회통합 지표Social Cohesion Indicators로 삼는 지표들은 삶에 대한 만족도life satisfaction, 일의 만족도work satisfaction, 자살률suicides, 아이들이 왕따나 괴롭힘을 당하는 정도bullying 등입니다. 그런데 OECD 웹사이트를 찾아보면 '아이들이 왕따나 괴롭힘을 당하는 정도'와 같은 항목에서는 우리나라의 통계를 찾을 수 없습니다. 즉 우리나라에서도 아이들이 학교 등에서 괴롭힘을 당하는 경우들이 종종 사회문제가 되기도 하였습니다만 그 문제에 대해 국제기구에 보고할 정도로 체계적인 통계는 아직 만들지 못하고 있다는 뜻이겠습니다. 세부적인 지표의 구성은 아래 각주에 있는 OECD 웹사이트의 자료를 참조하기 바랍니다.[6]

6 OECD, 〈Society at a Glance 2009-OECD Social Indicators〉, (www.oecd.org/els/social/indicators/SAG).

1 빈곤선

먼저 빈곤의 정의에 대해 알아봅시다. 빈곤층을 객관적으로 규정하기 위해 대부분의 나라에서는 빈곤의 기준선(빈곤선, poverty line, poverty threshold)을 정하고 전체 인구 중에서 그 기준선 아래에 있는 사람의 비율 즉, '빈곤율poverty rate, headcount rate'을 계산합니다.

$$빈곤율 = \frac{빈곤선\ 이하\ 가구(또는\ 인구)\ 수}{전체\ 가구(또는\ 인구)\ 수}$$

이때 가구의 빈곤율을 구했다면 그 빈곤율은 '빈곤가구율', 인구를 가지고 빈곤율을 구했다면 '빈곤인구율'이라고 나누어서 부르기도 합니다.

빈곤의 기준을 정하는 방법으로는 크게 두 가지가 있습니다. 하나는 절대적 빈곤선, 다른 하나는 상대적 빈곤선입니다. 먼저 절대적 빈곤선 방법이란 우리나라의 '최저생계비'처럼 매년 고정된 소득수준을 금액으로 미리 정해서 그 수준 이하의 소득을 얻는 사람(가구)을 빈곤층으로 간주하는 것입니다. 우리나라의 법률에서는 최저생계비를 "건강하고 문화적인 생활을 유지하기 위하여 소요되는 최소한의 비용"으로 정의하고 있습니다(국민기초생활보장법 제2조 제6호). 그리고 이러한 최저생계비는 보건사회연구원에서 3년마다 실시하는 표본조사인 '최저생계비계측조사' 결과를 바탕으로 보건복지부에서 중앙생활보장위원회의 심의와 의결을 거쳐 매년 공표하고 있습니다. 또한 최저생계비계측조사에서는 인간생활에 필수적인 모든 품목에 대하여 최저한의 수준을 정하고, 이를 화폐가치로 환산(가격×최저소비량)한 총합으로 최저생계비를 구하는 방식 즉, 전물량 방식(Market Basket방식, Rowntree 방식)을 사용하고 있습니다.

지난 10여 년간 최저생계비의 변화를 살펴보면 매년 3.0% 이상씩 인상된 것을 알 수 있습니다. 그런데 2009년 보건복지가족

〈표 5-4〉 최저생계비의 변화

(단위 : 원)

	1인 가구	2인 가구	3인 가구	4인 가구	5인 가구	6인 가구	인상률
2000년	324,011	536,614	738,076	928,398	1,055,588	1,191,134	3.0%
2001년	333,731	552,712	760,218	956,250	1,087,256	1,226,868	3.0%
2002년	345,412	572,058	786,827	989,719	1,125,311	1,269,809	3.5%
2003년	355,774	589,219	810,431	1,019,411	1,159,070	1,307,904	3.0%
2004년	368,226	609,842	838,797	1,055,090	1,199,637	1,353,680	3.5%
2005년	401,466	668,504	907,929	1,136,332	1,302,918	1,477,800	7.15%
2006년	418,309	700,489	939,314	1,170,422	1,353,242	1,542,382	3.0%
2007년	435,921	734,412	972,866	1,205,535	1,405,412	1,609,630	3.0%
2008년	463,047	784,319	1,026,603	1,265,848	1,487,878	1,712,186	5.0%
2009년	490,845	835,763	1,081,186	1,326,609	1,572,031	1,817,454	4.8%
2010년	504,344	858,747	1,110,919	1,363,091	1,615,263	1,867,435	2.75%

(출처 : 보건복지가족부, 인상률은 4인 가구 기준)

부에서 발표한 2010년의 인상률은 이전에 비해 가장 낮은 수준입니다.

앞서 언급했듯이 우리나라에서는 2000년부터 국민기초생활보장제도를 시행하고 있는데 이 제도에서 최저생계비가 중요한 기준 역할을 합니다. 먼저 소득인정액이 최저생계비에 미치지 못하는 가구를 '국민기초생활보장수급권자'(흔히 '수급권자'로 줄여서 부릅니다.)라고 하는데 그들에게는 국가가 생계급여, 주거급여, 의료급여, 교육급여, 해산급여, 장제급여, 자활급여 등을 지급합니다. 또 국민기초생활보장수급권자는 아니지만 소득인정액이 최저생계비의 120% 이하인 가구를 '차상위계층'이라고 부릅니다. 즉 차상위계층이란 기초생활보장 수급 대상이 아닌 빈곤층(비수급 빈곤층)이라고 할 수 있겠습니다.

한편, 상대적 빈곤선이란 중위소득, 또는 평균소득의 일정비율에 해당하는 소득을 기준으로 삼는 방법입니다. 그 이하 소득으로는 그 사회의 대다수가 일반적으로 누리고 있는 생활수준을 향유하지 못한다고 보고, 그 수준을 최저생계비로 보는 방식입니다. 영국이나 프랑스 같은 나라에서 이 방법을 사용하는데 보통 평균(또는 중위) 소득의 40, 50, 60, 또는 70% 선을 기준으로 삼습니다.

절대적 빈곤선과 상대적 빈곤선은 물론 각각 장단점을 갖습니다. 하지만 다음 인용문에서 볼 수 있듯 여러 시민운동단체들은 절대적 빈곤선 방식으로 결정되는 우리나라의 최저생계비를 비판하고 최저생계비를 정하는 방식을 상대적 빈곤선으로 전환해야 한다고 주장하고 있습니다.

> 현행 최저생계비는 법에 규정된 국민의 소득(지출)수준과 그 격차가 점점 벌어져 1999년 계측된 최저생계비는 같은 해 도시노동자 가구 중위소득의 45.5%에 해당하였으나 2008년 최저생계비는 도시노동자 가구 중위소득의 34.8%까지 하락하였다.
>
> (출처 : 〈국민기초생활보장제도, 10년의 그늘〉, 참여연대 사회복지위원회, 2009. 12.)

또한 정부가 정하는 최저생계비는 현실을 반영하기보다는 정부 예산에 맞추어 책정되는 경향이 있다는 비판도 받습니다(출처 : 같은 글). 유럽 각국에서도 복지제도가 시행되는 초기에는 절대적 빈곤선으로 빈곤의 기준을 결정하다가 나중에 대부분 상대적인 빈곤선을 사용하게 되었습니다. 대부분의 나라에서 상대적 빈곤선은 절대적 빈곤선보다 약 1.5배 높게 나타난다고 합니다.[7] 상대적 빈곤선을 사용하면 그만큼 지원을 받을 수 있는 사람이 늘어난다는 것이지요.

7 이강국, 〈가난에 빠진 세계〉, 책세상, 2007, 21쪽.

〈표 5-5〉 OECD 국가들의 빈곤율

(단위 : %)

국가명	70년대 중반	80년대 중반	1990년 경	90년대 중반	2000년 경	2000대 중반
호주				11.40	12.20	12.40
오스트리아		6.10		7.40	9.30	6.60
벨기에		14.60		10.80	10.40	8.80
캐나다	14.40	10.70		9.50	10.30	12.00
체코			3.20	4.30	4.30	5.80
덴마크		6.00	6.20	4.70	5.10	5.30
핀란드	9.90	5.10		4.90	6.40	7.30
프랑스		8.30	7.20	7.50	7.20	7.10
독일		6.30	6.60	8.50	9.20	11.00
그리스	17.80	13.40		13.90	13.50	12.60
헝가리			6.30	7.40	8.20	7.10
아이슬란드						7.10
아일랜드		10.60		11.00	15.40	14.80
이탈리아		10.30	10.70	14.20	11.80	11.40
일본		12.00		13.70	15.30	14.90
한국						14.60
룩셈부르크		5.40		5.50	5.50	8.10
멕시코		20.70		21.70	21.50	18.40
네덜란드				6.30	6.80	7.70
뉴질랜드		6.20	9.00	8.40	9.80	10.80
노르웨이		6.40		7.10	6.30	6.80
폴란드					11.20	14.60
포르투갈	16.20		13.80	14.60	13.70	12.90
슬로바키아						8.10
스페인		14.10	10.70	11.80	13.70	14.10
스웨덴	3.80	3.30	3.60	3.70	5.30	5.30
스위스					7.50	8.70
터키		16.40		16.20		17.50
영국				10.90	10.20	8.30
미국	15.40	17.90	18.10	16.70	17.10	17.10
OECD평균						10.58

(출처 : 〈2009 OECD 사회통계지표〉, 보건복지가족부, 2009)

미국은 우리나라의 최저생계비와 마찬가지로 가족 수에 따라 매년 빈곤선을 정하여 빈곤율을 구합니다. 한편 OECD의 빈곤율은 가구의 중위 가처분 소득의 50%를 기준으로 삼고 있고 유럽연합의 경우 EUROSTAT에서 역시 가구의 중위 가처분소득의 50, 60, 70% 등 여러 기준을 적용하고 있는데 통상적으로는 60%선을 빈곤선으로 간주하고 있습니다. 이처럼 국가마다 또 국제기구마다 빈곤선의 정의가 다르므로 국가 사이의 빈곤을 비교할 때에는 정의에 유의해야겠습니다.

〈표 5-5〉는 2009년 OECD에서 내놓은 자료입니다. 각국 나름의 빈곤선을 기준으로 구한 빈곤율이 아니고 OECD 기준, 즉 중위 소득의 50%선을 기준으로 계산한 빈곤율입니다. 우리나라의 빈곤율은 가장 최근의 값만 실려 있습니다만 멕시코, 미국, 터키, 폴란드, 일본 등과 함께 상당히 높은 편에 속합니다.

그리고 〈표 5-6〉은 우리나라의 기초생활보장수급자수와 수급률을 연도별로 나타낸 것입니다.

〈표 5-6〉 기초생활보장 수급자수와 수급률

연도	2001	2002	2003	2004	2005	2006	2007	2008
수급자수 (천명)	1,420	1,351	1,374	1,424	1,513	1,535	1,550	1,530
수급률 (%)	3.2	2.8	2.9	3	3.1	3.2	3.2	3.2

(출처 : 통계청 e-나라지표)

여기서 수급률이란 전국민 대비 기초생활보장급여수급자 비율을 나타내는데 수급자의 자격이 최저생계비를 어떻게 정하는가에 따라 달라지고 부양의무자가 있는가에 따라서도 달라지므로 이 비율만으로 국가 전체의 빈곤 정도를 측정하기는 어렵겠습니다.

〈표 5-7〉과 〈표 5-8〉은 수급자를 가구의 인원수별, 생애주기별로 구분한 것입니다. 앞서 인구를 공부할 때 우리나라의 자살률이 OECD 국가들 가운데 가장 높다는 통계를 본 적이 있습니다. 또한 우리는 사망원인을 공부할 때 우리나라의 경우 특히 노인의 자살률이 매우 높은 것을 확인할 수 있었습니다. 물론 다양

〈표 5-7〉 수급자의 가구원수별 현황

(단위 : %)

계	1인가구	2인가구	3인가구	4인가구	5인이상가구
100.0	61.5	18.8	11.8	5.6	2.3

(출처 : 보건복지가족부, 2009.7.)

〈표 5-8〉 생애주기별 남녀의 총인구대비 수급자 구성비

(단위 : %)

	계	영유아기	학령기	청소년기	청년기	중년기	노년기
남자	2.5	1.2	2.5	4.3	0.9	2.8	4.9
여자	3.3	1.2	2.5	4.7	1.3	2.9	9.3

주: 영유아기(0~4세), 학령기(5~9세), 청소년기(10~19세), 청년기(20~39세), 중년기(40~64세), 노년기(65세 이상)

(출처 : 보건복지가족부, 2009.7.)

한 이유가 있겠습니다만 빈곤층 노인에 대한 복지 서비스가 넉넉하게 제공되지 못하고 있는 현실도 그 중요한 이유 중 하나로 꼽히고 있습니다.[8] 특히 표들을 보면 기초생활보장 수급자 가운데 1인가구의 비율이 절대적으로 높은 것을 알 수 있고 또한 성별로 나누어보았을 때 여성 노인 중 거의 10%에 가까운 사람들이 수급자임을 알 수 있습니다. 즉 홀로 사는 여성 노인들의 빈곤이 그만큼 심각하다는 말이겠는데 이를 OECD에서 발표한 통계로부터도 확인할 수 있습니다. 국가별로 노인의 빈곤율이 나와 있는데 이때의 빈곤율은 우리나라처럼 절대적 빈곤선을 기준으로 구한 것이 아니고 가처분 소득의 중위소득 50% 이하를 빈곤층으로 보고 구한 빈곤율입니다. 우리나라 노인의 빈곤율이 OECD 국가들 중 가장 높고 다른 나라 노인 빈곤율과의 차이도 대단히 큽니다.

그렇다면 최저생계비를 기준으로 한 기초생활보장수급권자라는 범주에 정부 지원이 필요한 가난한 가구가 대부분 포함될까요? 현실적으로 그렇지 못하다는 것을 정부가 스스로 인정하고 있습니다. 2009년 3월 정부에서는 "민생안정 긴급지원대책"을 발표하면서 〈그림 5-5〉을 제시한 바 있습니다. 이 그림에서 A, B, C, D로 표시된 가구들은 빈곤층에 해당되는데도 기초생활보장수급권자가 될 조건은 충족시키지 못하는, 즉 기초생활보장의 사각지대에 있는 가구로서 정부에서는 그 수를 200만 가구410만 명이라고 밝혔

8 정남구, "감추고 싶은 노인 자살". 〈통계가 전하는 거짓말〉, 시대의창, 2008, 70~74쪽.

〈표 5-9〉 OECD 국가들의 노인빈곤율

(단위 : %)

국가명	노인 빈곤율	노인가구(66세이상)의빈곤율				
		전체	일함	일하지않음	독신	부부
호주	26.9	27.0	4.1	32.0	49.9	17.7
오스트리아	7.5	8.2	6.6	8.6	16.4	3.9
벨기에	12.8	12.2	3.6	13.4	16.7	10.0
캐나다	5.9	7.3	2.2	9.5	16.2	3.9
체코	2.3	3.0		3.2	5.6	2.0
덴마크	10.0	9.7	2.4	11.5	17.5	3.8
핀란드	12.7	13.6	11.5	13.7	28.0	3.9
프랑스	8.8	9.2	1.2	9.4	16.2	4.1
독일	8.5	8.3	1.7	9.2	15.0	4.7
그리스	22.7	20.5	6.6	30.7	34.2	17.6
헝가리	4.7	5.0		5.4	11.1	0.8
아이슬란드	5.0	5.5	3.2	6.7	9.8	2.3
아일랜드	30.6	25.5	5.0	36.3	65.4	9.4
이탈리아	12.8	13.2	2.7	16.7	25.0	9.4
일본	22.0	20.5	13.2	30.2	47.7	16.6
한국	45.1	48.5	34.7	68.8	76.6	40.8
룩셈부르크	3.1	3.1		3.9	3.6	2.9
멕시코	28.0	22.7	19.1	39.3	44.9	20.9
네덜란드	2.1	2.4	1.8	2.5	2.6	2.3
뉴질랜드	1.5	3.6	0.5	2.0	3.2	1.1
노르웨이	9.1	9.2	0.6	9.9	20.0	1.2
폴란드	4.8	5.9	5.7	6.0	6.0	5.9
포르투갈	16.6	20.3	5.4	25.3	35.0	15.7
슬로바키아	5.9	4.2		7.0	10.4	2.9
스페인	16.6	26.8	12.1	31.5	38.6	24.2
스웨덴	6.2	6.1	3.3	7.1	13.0	1.1
스위스	17.6	18.0			24.3	14.6
터키	15.1	18.5	20.1	15.9	37.8	17.3
영국	10.3	10.4	1.2	11.9	17.5	6.7
미국	23.6	23.7	9.0	34.0	41.3	17.3
OECD	13.3	13.7	7.1	17.3	25.0	9.5

(출처 : 〈2009 OECD 사회통계지표〉, 보건복지가족부, 2009)

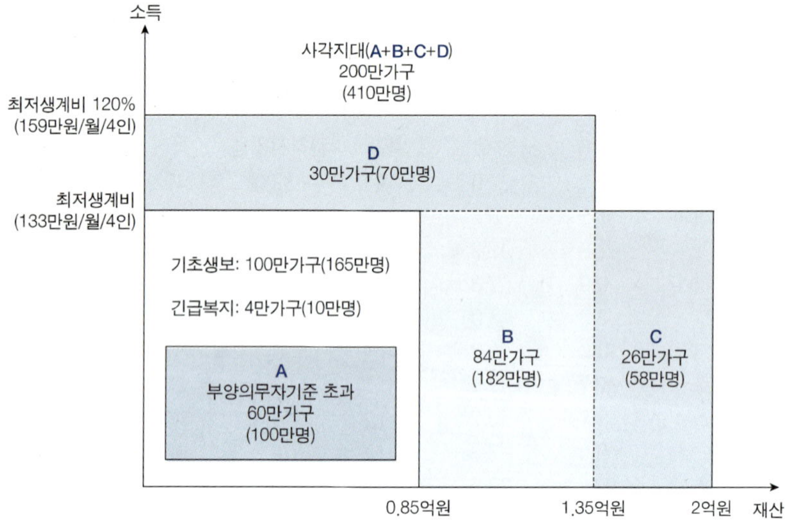

〈그림 5-5〉 기초생활보장제도의 사각지대

습니다. 생활보장수급권자의 수와 긴급복지 지원이 필요한 사람 수에 410만 명을 더하면 총 585만 명이 됩니다. 즉 생활보장수급권자는 총인구의 3% 정도밖에 안되지만 현실적으로는 총인구의 10%가 넘는 사람들이 가난한 사람들이라는 것입니다.[9]

그렇다면 우리나라에서는 민간이 아닌 공공사회복지를 위해 얼마나 지출하고 있을까요? OECD에서 나온 〈표 5-10〉을 보기 바랍니다. GDP 가운데 공공사회복지지출액의 비율을 나타낸 표를 보면 우리나라의 비율이 OECD에 속한 여러 나라의 비율 중에서 가장 낮습니다. OECD 국가들은 평균적으로 GDP의 20% 정도

9 기획재정부, 〈민생안정 긴급지원대책〉, 2009. 3.

〈표 5-10〉 OECD 각국의 공공사회복지지출

(GDP 대비 비율)

국가명	1980	1990	2000	2001	2002	2003	2004	2005
호주	10.6	13.6	17.7	17.1	17.3	17.6	17.5	17
오스트리아	22.6	23.9	26.5	26.8	27.2	27.6	27.5	27.3
벨기에	23.5	24.9	25.3	25.8	26.2	26.5	26.6	26.4
캐나다	13.7	18.1	16.5	17.0	17.1	17.2	16.6	16.5
체코		16.0	19.9	19.9	20.7	20.8	19.8	19.6
덴마크	24.8	25.1	26.2	26.5	27.2	28.3	28.1	27.5
핀란드	18.0	24.2	24.3	24.2	25.0	25.8	26.0	26.1
프랑스	20.8	25.1	27.9	27.9	28.6	29.0	29.1	29.2
독일	22.7	22.3	26.3	26.4	27.0	27.4	26.7	26.8
그리스	10.2	16.5	19.2	20.6	20.0	19.9	19.9	20.5
헝가리			20.2	20.3	21.6	22.4	21.9	22.7
아이슬란드		13.7	15.3	15.3	16.9	18.2	17.9	16.9
아일랜드	16.7	14.9	13.6	14.4	15.3	15.8	16.2	16.7
이탈리아	18.0	19.9	23.3	23.5	24.0	24.4	24.7	25
일본	10.6	11.4	16.5	17.4	17.8	18.1	18.2	18.6
한국		2.9	5.0	5.4	5.3	5.6	6.3	6.9
룩셈부르크	20.6	19.1	19.7	20.8	22.0	23.4	23.9	23.2
멕시코	..	3.6	5.8	5.9	6.3	6.8	6.8	7
네덜란드	24.8	25.6	19.8	19.7	20.5	21.2	21.1	20.9
뉴질랜드	17.2	21.8	19.1	18.4	18.4	17.9	17.8	18.3
노르웨이	16.9	22.3	22.0	23.0	24.4	24.8	23.5	21.9
폴란드		14.9	20.7	22.2	22.5	22.5	21.7	21.3
포르투갈	10.2	12.9	19.6	19.9	21.3	22.9	23.1	
슬로바키아			17.9	17.6	17.7	17.2	16.5	16.7
스페인	15.5	19.9	20.7	20.4	20.8	21.5	21.6	21.8
스웨덴	27.1	30.2	28.9	29.2	29.9	30.6	30.1	29.7
스위스	13.5	13.4	18.0	18.5	19.3	20.4	20.4	20.3
터키	4.3	7.6						13.7
영국	16.7	17.0	19.0	19.9	19.9	20.3	20.9	21.1
미국	13.1	13.4	14.5	15.1	15.9	16.2	16.1	15.9
OECD 평균	16.0	18.1	19.4	19.7	20.3	20.8	20.7	20.6

(출처 : 〈2009 OECD 사회통계지표〉, 보건복지가족부, 2009)

를 공공사회복지를 위해 지출하고 있는데 우리나라는 7%에도 못 미칩니다. 복지를 연구한 분들은 빈곤의 원인을 개인의 결함으로 보는 사회일수록 빈곤선은 낮게 설정될 것이고, 사회의 결함으로 보는 사회일수록 높게 설정될 것[10]이라고 말합니다.

지금까지 우리는 빈곤을 측정하는 방법으로 주로 빈곤율을 살펴보았습니다. 빈곤율 외에도 '빈곤갭poverty gap'이라는 빈곤지수도 있는데 이 지수는 빈곤선과 빈곤층에 속하는 사람들의 소득과의 차이를 말합니다. 그리고 빈곤층에 속하는 모든 사람의 빈곤갭을 다 합친 것을 '총빈곤갭'이라고 부르며, 총빈곤갭을 빈곤선 이하에 속하는 인구수에 빈곤선을 곱한 값으로 나눈 것을 '빈곤갭비율poverty gap ratio, PGR'이라고 합니다.

$$\text{빈곤갭비율} = \sum_{\text{모든 빈곤층}} \frac{\text{빈곤선} - \text{소득}}{\text{빈곤선} \times \text{빈곤층 인구}}$$

또 경제학자 아마티아 센의 이름을 딴 센지수Sen index라는 것도 종종 쓰이고 있습니다.[11]

---

10 김수현, 이현주, 손병돈, 〈한국의 가난〉, 한국아카데미, 2009, 33쪽.

11 김미곤, 양시현, 최현수, "한국의 빈곤동향과 정책방향", 〈보건사회연구〉, 26권, 1호, 한국보건사회연구원, 2006, 3~35쪽.

아래 각주에 소개한 책에서도 언급하고 있습니다만 최근 빈곤에 대해 말할 때에는 소득처럼 경제적인 측면 말고 사회적 박탈social deprivation, 사회적 배제social exclusion 등과 같이 보다 포괄적인 개념도 많이 사용하고 있습니다. 사회적 박탈은 노동, 교육, 오락, 가족관계 그리고 문화생활에 참여할 수 없는 경우를 말하고 사회적 배제란 현대사회의 정상적인 교환, 관행, 권리로부터 배제되게 만드는 복합적이고 변화하는 요인들을 말한다고 합니다.[12] 말이 좀 어렵지요?

만일 좋아하는 감독이 만든 영화를 보고 싶은데, 또는 야구장에 가서 좋아하는 프로야구 팀을 응원하고 싶은데 그럴 수 없는 사람이 있다고 합시다. 우리는 혹시 영화관에 가고 야구장에 가는 건 가난뱅이 주제에 걸맞지 않는 사치스런 짓이라는 생각을 갖고 있지 않나요? 만일 소년소녀 가장에게 국가에서 생활지원금을 지급했는데 그 아이들은 그 돈을 먹고사는 데 쓰지 않고 새 모델 휴대폰을 사는 데 썼다고 합시다. 그걸 본 복지 업무 담당 공무원은 안타까워하겠지요. 그런데 그 아이들 입장에선 새 휴대폰이 없으면 친구들과 어울리지 못하고 따돌림을 당할 수밖에 없을지도 모르기 때문에 새 휴대폰이 밥보다 훨씬 중요할 수가 있겠지요. 탈북자에게 정부에서 정착금을 지원했더니 그 돈으로 탈북자 주제에 어울리지도 않는 차를 사더라고, 어처구니없다고들 말합니다. 차

12 김수현, 이현주, 손병돈, 〈한국의 가난〉, 한국아카데미, 2009, 30~31쪽.

를 가진 사람을 중심으로 돌아가는 한국 사회에서 탈북자들은 생활인이 되기 이전에 바로 그냥 갑자기 〈녹색평론〉의 애독자라도 되란 말일까요? 가난한 집 아이가 피자헛에 가서 생일 파티를 한다고 쑥덕거립니다. 하지만 다들 그런 파티를 벌이는 속에서 생활하며 역시 나름의 자존심을 지켜야 할 아이들에겐 피자헛 생일 파티는 당연한 일일지도 모릅니다. 아주 거칠게 말해서 '박탈'이란 겨우 밥은 굶지 않지만 친구와 어울리기도 문화생활을 하기도 자존심을 지키기도 어려운 상태라고 할 수 있겠습니다.

배제는 더욱 '종합적인' 것이라고 합니다. 성매매 여성이 성매매를 그만두었다고 합시다. 전과자가 감옥에서 나왔다고 합시다. 그 사람들이 숱한 장벽을 넘어 어떤 식으로 어울려 살 수 있을까요? 우리나라에서 아마 배제라는 말이 광범위하게 가장 잘 들어맞는 곳은 교육일 것입니다. 특목고, 명문대에는 이미 아무나 갈 수 없습니다. 부모의 교육정도나 지위, 재산, 살고 있는 지역 등에 따라 엄혹한 배제가 이루어집니다. 우리 사회에서 교육은 전혀 계층이동의 길이 아니고 정말 '종합적이고 거의 영구적으로' 사람을 가르고 계층을 고착화시키는 길입니다.

그런데, 이런 사례나 설명에서 볼 수 있듯 박탈이나 배제는 꽤 상대적이고 주관적인 것처럼 보입니다. 그렇다면 그나마 소득은 그럭저럭 측정할 수 있지만 박탈이나 배제는 어떻게 측정할 수 있을까요? 박탈과 배제를 알아보는 데에도 통계라는 고전적인 방법이 쓰일 수 있을까요? 조금 먼 이야기일 수 있습니다만 컴퓨터가 널리 활용되면서 통계학자들은 그 이전까지 손대기 어려웠던 세밀하고 방대한 데이터들을 분석하고 있습니다. 일찍이 인간의 지적인 능력을 지능지수라는 척도로 측정하고 표현한 바도 있으니 머지않아 박탈과 배제와 같은 까다로운 주제도 계량적인 방법으로 풀어나가게 될지도 모릅니다. 아마 그런 방법이 받아들여진다면 근대사에서 그러했듯이 계량적인 방법이 갖는 객관성이라는 측면 덕분일 텐데, 과연 21세기에도 그러한 객관성이 변함없이 사람들에게 받아들여지고 높이 평가받을지는 알 수 없는 일입니다.

빈곤과 통계 : 찰스 부스와 영국의 빈곤 통계

통계학의 역사를 살펴보면 시대마다 다양한 사회, 경제적 문제와 씨름하는 과정에서 통계가 중요한 역할을 한 사례들을 여럿 만나게 됩니다. 빈곤이라는 주제 역시 그 중 하나였습니다. 여기서 잠시 빈곤과 통계의 관계를 찰스 부스Charles Booth, 1840~ 1916라는 인물을 통해 살펴보겠습니다. 이 글은 제가 〈한국통계학회 소식지〉(한국통계학회, 21권 5호, 2008. 10, 5~8쪽)의 '통계학사 인물 읽기'코너에 실었던 글을 줄여서 편집한 것입니다.

부스라는 이름은 통계학과 교재나 강의실에서 전혀 들을 수 없는 이름일 뿐 아니라 통계학에 대한 온갖 것을 망라해놓은 방대한 백과사전에조차도 항목으로 등장하지 않는다. 그런데 우리가 낯익은 통계학의 범위를 잠시 벗어나 사회과학의 역사, 그 중에서도 사회조사방법이나 사회통계학의 역사를 살펴보면 부스의 이름을 거의 빠짐없이 만나게 된다. 그가 했던 일은 1886년부터 런던의 빈민 지역을 시작으로 십여 년에 걸쳐 빈곤에 대한 통계조사를 실시했던 일이다. 당시 영국은 세계에서 가장 부강한 나라였으며 런던은 세계에서 가장 번창하는 도시였다. 하지만 다른 한편으로 세기말 런던은 삶의 가장 어두운 측면들이 총망라된 곳이기도 하였다. 예컨대 조니 뎁이 주연한 영화 'From Hell'을 보면 세기말 런던은 빈민의 곤궁한 삶에 연쇄살인범의 공포까지 더해진 무서운 도시로 그려진다.

19세기 초 서구에서는 통계운동이 활발하게 일어났다. 당시 급속하게 진행된 산업화의 결과 농업과 같은 전통적인 산업을 영위하기가 점점 어려워지면서 많은 사람들이 빈민으로 전락하여 도시로 흘러들었고 도시에서 그들은 대부분 실업 또는 반실업 상태에서 극도로 열악한 생활을 이어갈 수밖에 없었다. 빈민들이 사는 곳은 범죄와 소요의 온상으로 여겨졌고 어려운 처지에서 점점 힘을 키워가는 노동자들 역시 사회의 불안 세력으로 간주되었다. 당시 통계운동의 주역들은 이러한 현실을 그대로 둘 수는 없다고 생각하였다. 그들은 노동자들의 생활상을 정확히 밝혀내려 하였고 그것을 토대로 그들의 생활조건을 개선하기 위해 노력하였다. 유럽 여러 나라 가운데에서도 그와 같은 사회통계운동이 가장 활발했던 나라는 영국이었는데 사회통계가 산업화와 밀접한 관계를 가졌고 영국이 산업화가 가장 빨랐으므로 그것은 당연한 일이었다. 영국에서는 1830년대에 맨체스터를 시작으로 도시마다 통계협회들이 생겨 조사활동을 벌이고 보고서를 발간하였다. 물론 통계운동의 주역들은 혁명가들은 아니었고 지역의 소상공인, 의사, 지식인 등을 중심으로 한 개량주의자들이었다. 가령 19세기가 시작되기 직전 멜서스가 인구성장과 식량의 관계에 대해 섬뜩한 예언을 했을 때 그 속에는 빈민의 인구가 급속히 늘어나 다른 계층 인구의 성장 속도를 추월할지도 모른다는 두려움이 담겨있었다. 비록 일찍 세상을 떠나는 바람에 적극적인 활동을 하지는 못했지만 맬서스는 런던통계협회의 중요한 창립멤버이기도 했다.

그 영국의 중심 런던은 19세기 빅토리아 여왕 시대에 둘로 나뉘어 있었다. 서쪽은 세계에서 가장 번창하는 도시의 모습이었고 동쪽 런던은 그 반대였다. 특히 East End라고 불리던 지역은 대표적인 빈민지역이었다. 지금 한국의 경우도 그 중 하나겠지만 장소와 시대에 따라 빈곤에 대한 관념이 다르기 마련이고 처방 또한 다를 수밖에 없다. 당시 영국인들은 누구나 스스로의 힘으로 살아가야 하며 누구나 그럴 능력을 가지고 있다고 생각하였다. 그런데도 가난하게 사는 빈민은 근면 절약하는 자질을 갖고 있지 못한 사람들로 치부되었다. 즉 가난이란 근본적으로 가난한 사람 당사자의 악덕 때문에 생기는 것이었다. 이런 시각에 따르면 정부가 할 일이란 대규모의 실질적인 빈민구제사업이 아니었다. 그보다는 치안을 강화하여 빈민들이 일으킬지도 모를 문제를 막는 것이 우선이었고 빈민 구제는 자선에 맡기면 되는 일이었다. 사실 16세기부터 여러 차례 영국 정부가 내놓은 구빈법poor law, 그리고 1834년에 실시한 신구빈법은 빈민을 구제하기 위한 것이라기보다는 빈민에게 심한 인간적 모멸감을 주는 정책이었다. 그러므로 그와 같은 정책들은 큰 효과를 발휘하지 못한 채 점점 늘어나는 빈민문제가 정치적인 문제가 될 조짐까지 보이고 있었다.

하지만 빈민의 생활상을 제대로 밝히는 조사연구들은 나오지 않았다. 물론 영국의 경우 1801년부터 정기적인 센서스를 실시하고 1830년대부터는 정부 내에 통계조사 담당기구를 설치하여 동태인구통계 등을 생산하고 있었다. 하지만 정부의 통계는 면밀한 조사의 결과가 아니었다. 가령 노동계급의 성장과 사회주의 운동에도 불구하고 사실상 20세기 초까지도 영국을 비롯한 유럽 각국 정부에서는 노동통계조차 제대로 작성하지 않고 있었다. 예컨대 실업률을 산출하기 위한 통계라는 것이 직업소개소에 찾아오는 사람들만을 실업자로 간주하는 안이한 조사로 얻은 것이었다. 특히 정부에서는 실업과 같은 현상을 단지 범죄나 소요와 같은 사회적인 문제의 원인으로만 인식하였으므로 그에 대한 정책 역시 실업자를 위한 것이 될 수 없었다.

눈부신 번영을 구가하던 영국경제가 독일과 미국 등의 경쟁국이 부상하면서 점점 어려움을 겪게 됨에 따라 저임금 노동자와 빈민의 생활은 더욱 어려워졌다. 과학적이고 광범위한 빈곤 통계조사가 실시된 것은 이러한 사회의 변화를 파악할 필요 때문이었다. 19세기가 거의 끝날 무렵이 되어서야 비로소 과학적인 방법으로 설계된 빈곤 통계조사가 부스라는 사람에 의해 이루어지게 되었다. 해운업으로 성공한 사업가였던 부스는 런던 한 가운데에서 언제나 빈민과 중산층 이상 사람들이 서로 지극히 대조적인 삶을 살아가는 것을 보고 빈민 문제야말로 "모든 문제 중의 문제"라고 생각했다. 결국 그는 사회적인 논란이 되고 있는 빈민이 과연 얼마나 되는지 알아보려고 1886년부터 조사를 시작하게 되었는데 정치적으로 보수주의자였던 그의 의도는 정확한 빈민의 수를 헤아려서 빈민이 많다는 사회주의자들의 주장을 반박하려는 것이었다. 그때까지 그는 사업가였을 뿐, 수학을 전공하지 않았음은 물론 통계와도 아무런 관련이 없는 사람이었다. 즉 그가 통계학자나 통계전문가였기 때문에 빈곤 조사를 하게 된 것이 아니었다. 반대로 빈곤이라는 심각한 사회 문제가 눈앞에 있는데 그 문제의 원인과 처방에 대한 무수한 주장들만 난무할 뿐 문제에 대한 객관적이며 기초적인 사실조차 파악되지 않고 있는 현실이 그를 통계조사로 이끌었던 것이다. 통계에 대해 문외한이나 다름없던 그는 먼저 영국의 센서스 결과를 연구하였으며 조사를 위해 새롭고 과학적인 조사방법을 창안하였고 그와 같은 활동의 결과로 나중에 왕립통계협회의 회장 자리에 오르기까지 하였다.

먼저 그는 East End 지역에 대한 조사부터 시작하여 런던 전

지역의 100만 세대, 400만 이상 모든 주민에 대해서까지 조사를 확대하였다. 그는 조사원들을 동원하여 i) 사람들이 일하는 곳과 그곳의 작업 조건, ii) 그들이 거주하는 집과 사는 환경, iii) 그리고 그들의 종교생활에 대해 조사하였다. 그는 조사결과를 1889년 〈런던 사람들의 생활과 노동 Life and Labor of the People of London〉이라는 제목의 첫 번째 책으로 발표한 데 이어 1903년까지 모두 17권으로 발표하였다. 그 책의 제목에서 'life'는 사회적인 측면, 'labor'는 경제적인 측면을 말한다. 그가 동원한 방법은 당시로서는 최고의 조사방법이자 최초의 근대적인 방법이었으므로 그의 조사는 발표될 때마다 큰 화제가 되었고 대단한 신뢰를 얻게 되었다. 부스의 빈곤조사는 요크지방을 대상으로 한 라운트리Benjamin Seebohm Rowntree, 1871-1954의 조사로 이어졌다. 라운트리는 부스의 방법을 보다 더 개량한 방법을 이용하였으며 1950년대까지 계속해서 빈곤에 대한 조사 결과를 발표하였다. 그들의 조사결과는 다음과 같이 요약할 수 있다.

첫째, 그들은 영국의 빈곤 규모를 밝혔다. 부스는 런던 주민을 8개 등급으로 나누고 아래 네 개 등급을 빈곤층이라고 불렀다. 그의 조사에 따르면 런던 주민 총 4백20만여 명 가운데 빈곤층이 전체의 30.7%에 이르렀다. 부스에 이어 1899년 라운트리는 부스의 조사방법보다 더 개선된 방법과 새로 정의한 빈곤선poverty line을 써서 요크 지역을 조사하였다. 그는 인구 7만의 소도시인 요크에서는 런던과 같은 대도시에 비해 다른 결과가 나올지 알아보려 하였다. 그런데 라운트리가 얻은 빈곤율은 런던과 비슷한 28%였다. 결국 부스와 라운트리의 조사 결과 영국 전체에 걸쳐 빈곤의 규모가 엄청나다는 사실이 밝혀졌다. 이 정도의 규모라면 빈곤을 더 이상 개인 탓으로 돌린 채 방치할 수가 없게 된 것이다.

둘째, 그들은 빈곤의 원인이 개인적인 것이 아니라 사회경제적 구조에 있음을 밝혔다. 두 사람은 공통적으로 저임금과 부정기적인 수입을 빈곤의 가장 큰 원인으로 지적하였다. 즉 아무리 열심히 일을 해도 임금이 너무 낮고 정기적인 수입을 얻을 수 없기 때문에 빈곤을 벗어나기 힘들다는 사실을 밝혔던 것이다. 이에 따라 빈곤은 나태함이라든가 과음과 같은 개인적인 원인에 의해 생기는 것이 아니고 영국 사회 전체의 구조적인 결함 때문에 생긴다는 것이 명백해졌다.

부스의 조사 이후 사람들은 빈곤이란 사회, 경제의 구조적인 현상이므로 빈곤을 일으키는 요인에 대처할 수 있는 유일한 사회제도는 국가뿐이라는 인식을 갖게 되었다. 즉 그들의 연구는 19세기의 자유방임적인 빈곤관을 20세기의 복지국가적 빈곤관으로 전환시킴으로써 국가의 빈곤정책을 크게 바꾸어 놓는 계기가 되었던 것이다. 또한 그들의 연구는 관념이나 이론에 따른 주장보다는 통계조사로부터 얻은 데이터를 근거로 정책을 수립하도록 만들었다.

부스는 수학 교육을 거의 받지 않은 인물이었고 그의 통계조사 역시 수학적인 분석과는 거리가 먼 것이었다. 하지만'빈곤'이라는 일상적인 용어가 부스와 라운트리의 통계조사 이후에는 엄밀한 정의를 갖춘 사회과학의 개념이 되었다. 그들 덕분에 사회를 연구하는 사람들은 비로소 빈곤을 양적으로 측정할 수 있게 되었고 또 다른 많은 개념들을 정의하고 그 크기를 측정하게 되었다. 부스가 사용한 기법들은 사회에 대한 지식을 창출하는 새로운 방법이었다. 또한 이와 같은 양적인 연구가 크게 발달하면서 그와 상반되는 방법, 즉 사회에 대한 질적 연구 역시 그 존재가 더욱 또렷이 부각되었다. 나아가 빈곤이라는 문제가 상상 이상으로 대규모로 현존한다는 것이 밝혀지면서 영국의 복지제도는 크게 방향을 바꿀 수밖에 없었다. 이처럼 20세기 사회 연구의 역사를 돌이켜보면 부스의 역할은 혁명적이라 불러도 지나치지 않을 만큼 중요한 것이었다.

2 빈곤과 건강불평등

소득이나 직업, 교육수준 등 사람의 사회경제적 위치나 계급을 결정하는 요인들과 건강, 질병의 관계에 대해서는 누구나 어렵지 않게 짐작할 수 있습니다.

보건의료시스템은 나라마다 무척 다릅니다. 잘 알려진 대로 영국, 스웨덴 등에서는 국가보건서비스NHS를 통해 전 국민에게 사실상 무상으로 필수적인 모든 의료서비스를 제공합니다. 얼마 전에 나온 한 연구는 우리나라의 빈곤층과 의료서비스에 대한 연구결과를 다음과 같이 요약하고 있습니다.[13] 우리나라에서는 기초생활보장수급자에게 의료급여를 제공하고 있고, 나머지 전 국민은 건강보험 가입자이므로 의료비 걱정을 안 해도 될 것 같지만 과도한 본인부담금 등의 이유로 현실은 그렇지 못하다고 합니다. 게다가 건강보험료를 6개월 이상 체납하면 급여가 제한되는 문제까지 있다고 합니다.

- 과중한 의료비 부담(법정본인부담 및 비급여 본인 부담 포함)으로 최저생계비 이하의 빈곤층은 빈곤의 악순환에서 벗어나지 못하고 중산층은 중증의료위험에 노출됨에 따라 빈곤층으로 전락할 가능성이 높아지고 있음.

13 신영석, 신현웅, 황도경, 유원섭, 〈저소득층 건강보장 전략〉, 한국보건사회연구원, 2008.

- 노인, 장애인, 아동 등 취약계층에 대한 별도의 제도가 존재하지 않고 특히 만성·희귀질환자등 중증질환자들에 대한 보장수준이 낮음으로써 의료서비스의 사각지대에 놓여있는 계층이 증가하고 있음.
- 급여범위의 제한과 의료서비스 이용 시 높은 본인부담제도로 인하여 OECD국가들에 비해 보장성이 낮음.
- 건강보험공단의 실태조사결과를 현재의 체납세대수에 그대로 적용하면 6개월 이상 보험료를 체납하고 있는 158만 세대 중 46.7%인 약 74만 세대(177만 명)를 생계형체납으로 분류할 수 있음.

국내외에서 공중보건에 대해 연구하는 분들은 여러 가지 측면에서 사람들의 사회경제적 지위와 질병, 사망의 관계를 연구해왔습니다. 가령 국내 연구를 조금만 소개한다면 손미아 교수강원대, 예방의학 외 여러 분들이 1995년부터 2004년 사이에 우리나라에서 태어난 500여만 명의 아이들(통계청에서 나온 출생신고 통계 등을 분석했다고 합니다)을 대상으로 그 아이들의 사망률과 부모의 교육정도, 직업을 비롯한 계급의 관계를 연구한 바 있습니다.[14]

그 연구에 따르면 어머니가 대학 이상의 학력을 가진 아이들에 비해 초등 학력을 가진 어머니가 낳은 아이들의 영아사망 위험이 3.3배였다고 합니다. 또한 시기별로 비교해볼 때 부모의 계급이

14 손미아, 오주환, 최용준, 공정옥, 최지숙, 진은정, 정성태, 박세진, "우리나라의 1995~2004년도 출생코호트에서 부모의 사회계급이 영아사망률과 소아사망률에 미치는 영향", 〈Journal of preventive medicine and public health, 예방의학회지〉, 39권, 6호, 2006, 469~476쪽.

낮은 아이들의 사망위험이 해마다 더 높았으며 2000년대 이후 그 격차는 더욱 벌어졌다고 합니다. 그리고 이러한 관련성은 우리나라 뿐 아니라 선, 후진국 할 것 없이 세계 어느 나라에서나 볼 수 있다고 합니다. 또한 부모의 계급이 신생아의 저체중 현상에 미치는 영향에 대한 연구도 나온 바 있습니다.[15]

그런데 이처럼 계층에 따른 불평등이나 형평성 문제를 알아보려는 사람들은 과연 어떤 것을 기준으로 계층을 나눌 것인가라는 매우 곤란한 벽을 만날 수밖에 없습니다. 우리나라 어느 기관에서도 계층별 인구를 추계해서 발표하지 않고 있기 때문이지요. 그러다 보니 방금 언급한 연구들에서 보듯이 많은 연구자들이 교육수준을 기준으로 계층을 나누는 것 같습니다.

우리는 앞서 인구를 공부할 때 출생 시 기대여명, 즉 평균수명에 대해 알아보았습니다. 그런데 최근 유럽과 북미, 호주 등에서는 기대여명 이외에 '건강수명healthy life expectation'이라는 것을 발표하고 있다고 합니다. 건강수명이란 태어나서 사망할 때까지의 기간이 아니라 이름 그대로 질병이나 장애로 고생하지 않고 건강하게 살 수 있는 기간이라고 보면 되겠습니다. 이러한 건강수명은 국가에서 건강정책을 마련하는데 핵심적인 지표 역할을 한다고 합

15 손미아, "부모의 사회계급이 1995-2001년도 출생아의 저체중에 미치는 영향" 〈Korean journal of health policy and administration 보건행정학회지〉 14권, 1호, 2004, 148~168쪽.

니다. 우리가 사망원인 통계에서 보았듯이 최근의 주요 사망원인에는 만성질환이 많이 포함되므로 단순한 수명 대신 건강이라는 측면에서 삶의 질을 나타낼 수 있는 지표가 필요하다는 것이지요.

우리나라에서는 아직 정부에서 건강수명 통계를 생산하지 않고 있습니다만 얼마 전에 연구자들이 교육수준을 계층을 가르는 기준으로 삼아 건강수명에 대해 연구한 결과를 내놓았습니다.[16] 그 연구의 결과에 따르면 교육수준이 낮을수록 기대여명과 건강수명이 모두 낮았으며 교육수준별 수명의 차이는 기대여명의 차이보다 건강여명의 차이가 더 컸다고 합니다. 또한 성별로 기대여명과 건강수명을 비교했더니 여성의 기대여명이 남성보다 더 길지만 건강수명은 남성과 비슷하거나 짧았다고 합니다. 즉, 삶의 질과 관련된 만성질환이나 장애에 있어서 남성보다 여성이 더 취약하다는 것이지요(151~152쪽). 앞으로 가구소득별로, 직업별로 그리고 지역별로 건강수명 통계가 생산된다면 보다 세밀한 분석과 처방이 가능해지리라 기대합니다.

3 세계의 빈곤

16 강은정, 조영태, 김나연, 신호성, 〈건강수명의 사회계층간 형평성 및 정책과제〉, 한국보건사회연구원, 2008.

앞에서 우리는 주로 OECD 국가들을 중심으로 빈곤을 살펴보았습니다만 그 나라들은 세계 전체로 볼 때 형편이 나은 나라들입니다. 세계적인 차원에서 빈곤을 다룰 때는 물론 각 나라별 빈곤선을 따로 적용하여 비교하기도 합니다만 그보다는 단일한 기준을 정하여 세계 모든 나라의 빈곤을 측정하는 것이 더 일반적입니다. 종종 우리가 볼 수 있는 통계에서는 하루 소득이 1달러 이하인 극빈층, 그리고 하루 소득이 1달러에서 2달러 사이인 중간빈곤층이 얼마나 되는지를 비교합니다. 또한 세계은행World Bank에서는 얼마 전까지 1993년 구매력PPP 기준으로 하루 소득이 1.08달러 이하인 사람을 극빈층으로 간주했었습니다.

그러다가 2008년부터는 빈곤선의 기준을 바꾸어서 2005년 구매력PPP 기준으로 하루 소득이 1.25달러 이하인 사람을 극빈층으로 보고 있습니다. 하루 1.25달러라는 빈곤선은 세계에서 가장 가난한 10~20개 나라에서 정한 빈곤선의 평균에 해당한다고 합니다. 세계은행이 2008년에 내놓은 연구에 따르면 새로운 빈곤선을 적용했을 때 극빈층에 속하는 사람은 2005년 현재 모두 14억에 달한다고 합니다. 이는 개발도상국에 사는 사람 4명 중 1명이 극빈에 처해있음을 말해 줍니다. 특히 사하라이남 아프리카와 인도의 빈곤율은 40~50% 수준이라고 합니다.[17] 지난 몇 십 년

17 http://go.worldbank.org/C9GR27WRJ0

동안 중국이나 베트남과 같은 나라에서는 빈곤율이 크게 낮아졌습니다만 아프리카나 남미, 인도를 비롯한 남아시아 지역에서는 그런 변화가 나타나지 않거나 빈곤율이 더 높아지는 모습입니다. 또한 사회주의권이 붕괴한 1990년대 이후 구소련과 동구권 국가들의 빈곤율 역시 크게 높아졌다고 합니다.

빈곤은 아프리카와 같은 최빈국에서만 사회문제가 되는 것은 아닙니다. 세계에서 가장 부강한 나라로 손꼽히는 미국의 경우, 정부에서 실시한 조사에 따르면 2008년 빈곤율은 13.2%였는데(미국 정부가 정한 2008년 4인 가족 기준 빈곤선은 연소득 22,025달러였습니다), 이를 사람 수로 치면 3천9백8십만 명에 달한다고 합니다. 또한 빈곤선의 125% 이하 소득을 얻는 사람들은 17.9%, 즉 5천3백8십여만 명인데, 특히 흑인과 히스패닉의 경우 절대적 빈곤층에 속하는 사람이 네 명 중 한 명꼴이라고 합니다.[18]

빈곤은 대개 소득을 기준으로 측정합니다만 소득 이외에 여러 가지를 함께 반영하는 다면적인 빈곤측정 방법들도 여럿 있습니다. 영문으로 소득을 기준으로 측정하는 빈곤은 'income poverty'라고 부르고 여러 기회의 결핍으로 나타내는 빈곤은 흔히 '사회적 배제social exclusion'라고도 부르는데 그러한 사례 중 하나로

18 U. S. Census Bureau, Housing and Household Economic Statistics Division, 〈Current Population Survey (CPS), 2009 Annual Social and Economic Supplement (ASEC)〉, 2009.

UN 산하 UNDP유엔개발계획에서 매년 발표하는 빈곤지수에 대해 간단히 살펴봅시다. UNDP에서 내는 보고서 중에 〈Human Development Report〉라는 것이 있는데 1997이후 그 보고서에는 HPIHuman Poverty Index라는 빈곤지수가 실리고 있습니다. UNDP에서 만든 HPI에는 두 가지가 있어서 개발도상국에 대해서는 HPI-1, OECD 국가에 대해서는 HPI-2라는 서로 다른 방식으로 지수를 계산합니다. HPI-1은 수명과 성인 문맹률이 어느 정도인지, 또 상수도 물improved water을 얻을 수 없는 사람이 얼마나 되는지, 저체중 아이들이 얼마나 되는지에 따라 정해지고 HPI-2는 수명과 실질적인 문맹률이 어느 정도인지, 빈곤선 이하 인구와 장기 실업률이 어느 정도인지에 따라 정해집니다. 보다 자세한 내용은 UNDP 보고서를 참조하시기 바랍니다.[19]

어찌 하였든 65억 세계인구 중에 극심한 빈곤에 시달리는 사람이 14억이나 된다는 것은 빈곤이 세계적 차원에서 고민해야할 문제임을 말해줍니다. 그리하여 2000년 9월 세계 여러 나라 정상들은 〈UN 밀레니엄 정상회의〉를 열고 2015년까지 달성할 목표를 채택한 바 있습니다. 모든 나라가 함께 노력해서 달성하기로 약속한 그 목표들은 밀레니엄개발목표Millennium Development Goals(MDGs)라고 불립니다.

19 UNDP, 〈Human Development Report2007/2008〉, 2009, 355, 357쪽.

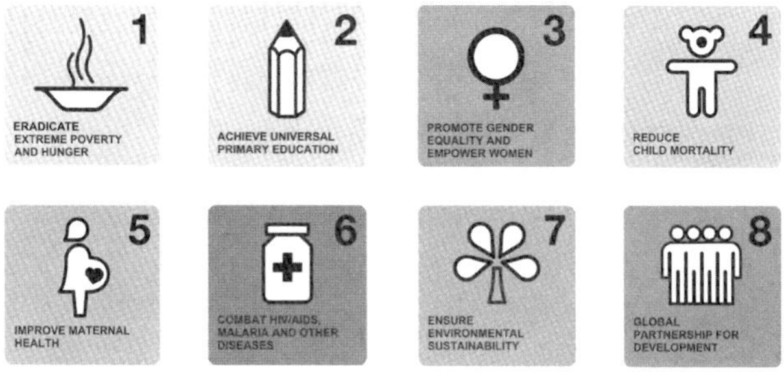

위의 그림은 UNDP 사이트의 'Millennium Development Goals' 코너에 가면 볼 수 있는 아이콘들인데 각 그림이 목표 하나씩을 나타냅니다. 아이콘을 보면 짐작할 수 있듯 첫 번째는 빈곤, 두 번째는 초등 교육, 그 다음은 순서대로 양성평등과 여성, 영아와 소아사망, 모성보호, HIV/AIDS와 말라리아 등의 질병, 지속가능한 환경, 개발을 위한 전지구적 동반자관계 등을 나타냅니다. 예컨대 맨 처음 그림을 확대해보면 음식물이 담긴 접시 아래에 극단적인 빈곤과 굶주림을 퇴치하자는 구호가 적힌 것을 볼 수 있습니다.

세부적으로 각 목표를 살펴보면 우리가 이 책에서 공부한 바 있는 여러 통계 지표들을 만날 수 있으니 세계에 대해 공부할 겸 복습 삼아 살펴보기 바랍니다. 가령 첫 번째 목표를 세부적으로 살펴보면 그 속에 세 가지 목표가 들어있는데 그 관련 지표들을 UNDP 사이트에 있는 영문 그대로 옮겨보면 다음과 같습니다.

Target 1a: Reduce by half the proportion of people living on less than a dollar a day

1.1 Proportion of population below $1 (PPP) per day

1.2 Poverty gap ratio

1.3 Share of poorest quintile in national consumption

Target 1b: Achieve full and productive employment and decent work for all, including women and young people

1.4 Growth rate of GDP per person employed

1.5 Employment-to-population ratio

1.6 Proportion of employed people living below $1 (PPP) per day

1.7 Proportion of own-account and contributing family workers in total employment

Target 1c: Reduce by half the proportion of people who suffer from hunger

1.8 Prevalence of underweight children under-five years of age

1.9 Proportion of population below minimum level of dietary energy consumption

밀레니엄 목표의 맨 첫 번째가 '1990년에서 2015년 사이에 하루 1달러 미만으로 살아가는 사람들의 수를 절반으로 줄이고 굶주림으로 고통 받는 사람 수를 절반으로 줄이자'는 것입니다. 2015년이라는 목표 연도가 가까워지고 있는데 소박해 보이기까지 하는 이런 목표들이 잘 이루어지고 있을까요?

UN에서는 그 목표들의 성취도를 점검하기 위해 보고서를 내고 있는데 2009년에 펴낸 MDG 보고서Millennium Development Goals Report 2009의 서문에서 반기문 사무총장은 상황이 개선되기보다는 세계 경제위기로 인해 더욱 악화되는 모습까지 보이는 등 목표달성이 쉽지 않을 것 같다고 우려하고 있습니다.[20]

위의 목표에는 '극심한 빈곤extreme poverty'의 기준을 그냥 간단히 '하루 1달러'라고 하였지만 보고서 내부를 보면 '하루 1.25달러'가 빈곤선입니다. 보고서에서는 중국의 빠른 경제 성장 덕분에 극빈층에 속하는 사람 수가 1990년 18억 명에서 2005년에는 14억으로 줄어들었다면서 2015년에는 극심한 빈곤에 처한 사람 수를 1990년의 절반으로 줄이자는 목표를 이룰 수 있으리라고 전망하고 있습니다. 하지만 보고서에서는 2015년이 되어도 극빈층은 10억 명에 달할 것으로 예상하고 있습니다. 특히 지역별로 나누어 살펴보았을 때 몇몇 지역에서는 빈곤층을 줄이는 목표 달성이 가능할 것 같지만 나머지 대부분의 지역에서는 그렇지 못하리라고 전망하고 있습니다. 특히 사하라이남 아프리카 지역, 서아시아 지역 등에서는 빈곤층이 줄어드는 변화가 너무 느리거나 심지어는 빈곤층이 늘어나기도 한다고 합니다. 또한 보고서는 경제위기로 인해 일자리 상황이 악화되었으며 굶주림을 줄이자는 목표는 식량 가격 상승 등의 탓으로 거의 실현 불가능해 보이는 등, 빈곤 이외

20 UN, 〈Millennium Development Goals Report 2009〉, 2009.

의 다른 지표들 역시 대부분 썩 희망적이지 못하다고 밝히고 있습니다. 어쩌면 〈르몽드 세계사〉가 주장하듯 밀레니엄개발이라는 UN의 프로젝트는 그 목표 자체부터가 허황된 것이었고 목표를 달성하기 위한 방법 역시 곤경에 처한 사람의 처지에 맞는 것이 아니었을지도 모릅니다.[21]

4 더 읽어볼 것들

한편 앞에서 빈곤에 대한 여러 가지 기준이 있음을 알아보았는데 빈곤을 연구하는 방법도 다양합니다. 매년의 빈곤율을 구하는 식으로 한 시점의 빈민을 헤아리는 방법 말고 여러 해에 걸쳐 사람들의 생활상을 계속해서 추적 연구하여 빈곤의 원인이나 빈민의 모습을 더 심층적으로 연구하는 프로젝트들도 있습니다. 또한 소득과 같은 양적인 지표에 의존하는 대신 설문조사 등을 이용해 빈곤의 여러 측면을 알아보는 질적인 연구방법들도 쓰이고 있습니다.

빈곤을 주제로 삼은 글들은 허다히 많고 그 문제를 바라보는 시각도 무척 다양할 것입니다. 또 빈곤이라는 무거운 주제를 배경으로 삼은 글도 헤아릴 수 없을 만큼 많을 것입니다. 그만큼 빈곤이

21 르몽드 디플로마티크, 〈르몽드 세계사〉, 권지현 옮김, 휴머니스트, 2008, 126~127쪽.

라는 문제는 지금 세계를, 그리고 우리 사회를 무겁게 덮고 있는 검은 구름과 같습니다. 여기에는 쉽게 읽을 수 있는 글 몇 편만 적습니다.[22] 이 중 제프리 삭스의 책은 '2015년, 지상의 모든 가난을 끝낼 밀레니엄 프로젝트'라는 슬로건 아래 빈곤 퇴치 운동을 벌여온 사람이 쓴 책입니다. 2005년에 나온 이 책에 실린 통계자료들은 이미 낡은 것들이지만 직접 빈곤이라는 세계적 과제와 씨름한 경제학자의 생생한 목소리를 읽을 수 있습니다. 또한 이강국의 책은 한국 경제학자가 일반 독자를 상대로 빈곤에 대해 쓴 흔치 않은 책입니다. 그리고 앞서 노동 통계를 공부할 때 소개한 책 〈워킹푸어〉 역시 일독을 권하고 싶은 책입니다.[23]

빈곤과 불평등을 비롯하여 세계의 여러 가지 모습을 통계자료와 각종 지도, 그림 등을 동원하여 설득력 있게 보여주는 책으로 〈르몽드 세계사〉2008와 견줄만한 책을 찾기란 쉽지 않아 보입니다. 우리나라에서도 한글판이 나오고 있는 월간지 〈르몽드 디플로마티크〉에서 펴낸 그 책의 부제는 "우리가 해결해야 할 전지구적 이슈와 쟁점들"이라고 되어있습니다. 그리고 통계는 덜 나옵니다만 다양한 지도를 통해 세계의 여러 모습을 보여주는 〈변화하는 세계의 아틀라스〉2008, 〈아틀라스 세계는 지금〉 2007 역시 매력적인

22 제레미 시브룩, 〈세계의 빈곤, 누구의 책임인가? 아주 특별한 상식 02〉, 황성원 옮김, 이후, 2007; 제프리 D. 삭스, 〈빈곤의 종말〉, 김현구 옮김, 21세기북스, 2006; 이강국 〈가난에 빠진 세계〉, 책세상, 2007.

23 쉬플러, 데이비드, 〈워킹푸어, 빈곤의 경계에서 말하다〉, 나일등 옮김, 후마니타스, 2009.

책입니다.

머리말에서도 썼던 것처럼 처음에는 〈통계로 읽는 사회와 경제〉라는 제목을 쉽게 달았지만 강의를 하고 책을 써나가는 동안 저 혼자 이런 주제를 제대로 다루기란 불가능하다는 것을 절감하였습니다. 이 책을 준비하면서 여러 가지 책과 연구보고서들을 읽게 되었는데 각론으로 들어간다면 세부적인 분야의 전문가들이 저처럼 그냥 통계학을 전공한 사람보다 해당 분야의 통계에 대해서 훨씬 깊은 안목을 갖고 있다는 것을 새삼 확인하게 되었습니다. 게다가 책에 포함시킬 내용이나 통계자료를 고르고 그 자료에 대해 해석을 다는 과정에서 주관적인 판단과 오류도 많이 섞였을 것입니다. 독자들로부터 책 내용에 대해서든 글쓴이의 시각에 대해서든 많은 의견을 듣고 싶습니다.

함께 생각해 봅시다

01 연도별 최저생계비의 인상률과 물가인상률을 비교하여 보시오. 또 최저 임금과 최저생계비 사이에 어떤 관계가 있는지 통계를 써서 알아보시오.

02 이전에는 노동자들이 완전고용에 가까운 수준으로 정규직에 고용되고 그 결과로 받는 임금이 살림을 꾸려가는 주요 소득이었습니다. 하지만 비정규직이 크게 늘어난 결과 더 이상 그러한 모델을 그대로 유지하기 어려워졌습니다. 20세기 복지 선진국들의 사례가 우리 사회의 미래 모델이 될 수 있을지 알아보고 '기본소득'을 비롯하여 최근 논의되고 있는 대안들에 대해 토론하시오.

03 실업률이나 고용률이 실질 GDP의 변화와 어떤 관련이 있는지 살펴보고 '고용 없는 성장'에 대해 설명하시오.

04 "빈곤은 대물림되는가?"라는 물음을 중심으로 한국 사회의 계층이동에 대해 통계를 써서 알아보시오.

05 남미의 국가들을 중심으로 불평등에 대해 살펴보시오.

참고자료

강은정, 조영태, 김나연, 신호성, 〈건강수명의 사회계층간 형평성 및 정책과제〉, 한국보건사회연구원, 2008.

〈국제신문〉, 2009. 2. 17.

김문조, 〈한국사회의 양극화〉, 집문당, 2008.

김미곤, 양시현, 최현수, "한국의 빈곤동향과 정책방향", 〈보건사회연구〉, 26권, 1호, 한국보건사회연구원, 2006, 3~35쪽.

김성철, 박진우, 유홍림, 이석훈, 전명식, 조재근, 〈통계와 정책〉, 통계교육원, 2008.

김수현, 이현주, 손병돈, 〈한국의 가난〉, 한국아카데미, 2009.

김유선, "토지소유 불평등과 불로소득", 〈노동사회〉 2005, 10월호.

김유선, 〈비정규직 규모와 실태, 통계청 '경제활동인구조사 부가조사'(2009.8) 결과〉, 한국노동사회연구소, 2009, http://www.klsi.org.

김현기, 정연승, 허원무, 유호현, 배영준, 〈2018, 인구변화가 대한민국을 바꾼다- 10년 후 대변혁을 가져올 44가지 미래 트렌드〉, 한스미디어, 2008.

남재량, 〈노동시장의 동태적 특성에 관한 연구〉, 한국노동연구원, 2008.

노동부, 〈2009년판 노동백서〉, 2009.

노택선, 김중렬, 〈경제학101〉, 해남, 2008.

니혼게이자이신문사, 〈인구가 세계를 바꾼다〉, 강신규 옮김, 가나북스, 2008.

르몽드 디플로마티크, 〈르몽드 세계사〉, 권지현 옮김, 휴머니스트, 2008.

박명규, 서호철, 〈식민권력과 통계-조선총독부의 통계체제와 센서스〉, 서울대학교 출판부, 2003.

박홍균, 〈대한민국에서 집 없는 부자로 살자: 통계로 본 아파트의 미래〉, 이비락, 2009.

보건복지가족부, 〈2008년도 노인실태조사–전국노인생활실태 및 복지 욕구조사〉, 2009.

보건복지가족부, 〈OECD Health Data 2009 주요지표 분석 결과〉, 2009.

비르크, 헤르비히, 〈사라져가는 세대 : 출산율 감소와 인구 고령화, 그리고 인구학이 말하는 우리의 미래〉, 조희진 옮김, 플래닛미디어, 2006.

빅토르, 장 크리스토프, 〈아틀라스 세계는 지금-정치지리의 세계사〉 김희균 옮김, 책과함께, 2007.

빅토르, 장 크리스토프, 레송, 비르지니, 테타르, 프랑크, 〈변화하는 세계의 아틀라스–지도로 보는 세계의 미래〉 안수연 옮김, 책과함께, 2008.

삭스, 제프리, 〈빈곤의 종말〉, 김현구 옮김, 21세기북스, 2006.

세네, 장 클로드, 〈인구학입문〉, 박은태, 전광희 옮김, 경연사, 2008.

서동진, 〈자유의 의지 자기계발의 의지〉, 돌베개, 2009.

손미아, "부모의 사회계급이 1995-2001년도 출생아의 저체중에 미치는 영향", 〈Korean Journal of Health Policy and Administration 보건행정학회지〉, 14권, 1호, 2004, 148~168쪽.

손미아, "산업의학과 사회역학 : 노동과 불평등, 그 근원은 어디인가?", 〈대한예방의학회 2005년도 하계심포지움 학술대회논문집〉, 2005.

손미아, 오주환, 최용준, 공정옥, 최지숙, 진은정, 정성태, 박세진, "우리나라의 1995-2004년도 출생코호트에서 부모의 사회계급이 영아사망률과 소아사망률에 미치는 영향", 〈Journal of Preventive Medicine and Public Health, 예방의학회지〉, 39권, 6호, 2006, 469~476쪽.

셔트클리프, 밥, 〈불평등한 세계를 바라보는 123가지 방법〉, 박길성, 윤상우 옮김, 문화디자인, 2003.

신영석, 신현웅, 황도경, 유원섭, 〈저소득층 건강보장 전략〉, 한국보건사회연구원, 2008.

스티글러, 스티븐., 〈통계학의 역사〉, 조재근 옮김, 한길사, 2005.

스티글리츠, 조지프, 〈경제학〉, 김균, 백영현, 안현효, 이병천 옮김, 한울아카데미, 2002.

쉬플러, 데이비드, 〈워킹푸어, 빈곤의 경계에서 말하다〉, 나일등 옮김, 후마니타스, 2009.

시브룩, 제레미, 〈세계의 빈곤, 누구의 책임인가? 아주 특별한 상식 02〉, 황성원 옮김, 이후, 2007.

여성가족부, 〈결혼이민자 가족실태조사 및 중장기 지원정책방안 연구〉, 2006.

오든, 위스턴 휴, 〈아킬레스의 방패- 오든 시선집〉, 봉준수 편역, 나남, 2009.

은수미, 〈비정규직과 한국 노사관계 시스템 변화 (I)〉, 한국노동연구원, 2007.

이강국, 〈가난에 빠진 세계〉, 책세상, 2007.

여성가족부, 〈결혼이민자 가족실태조사 및 중장기 지원정책방안 연구〉, 2006.

장귀연, 〈권리를 상실한 노동자 비정규직〉, 책세상, 2006.

장귀연, 〈비정규직〉, 책세상, 2009.

정남구, 〈통계가 전하는 거짓말〉, 시대의창, 2008.

정성미, "정규직의 사각지대", 〈월간 노동리뷰〉, 26호, 한국노동연구원, 2007, 26~37쪽.

〈제주일보〉, 2009. 11. 18.

주경미, 김영예, 김현지, 이옥경, 전혜숙, 김혜정, 〈2008 부산여성가족 통계연보- 통계로 보는 부산여성의 삶〉, 부산여성가족개발원, 2008, www.bwf.re.kr.

〈중앙일보〉, 2006. 4. 3.

참여연대, 〈국민기초생활보장제도, 10년의 그늘〉, 참여연대 사회복지위원회, 2009.

최강식, 박상언, 이승렬, 〈최저임금 적용효과에 관한 설문조사 분석 보고서〉, 최저임금위원회, 2009.

최용식, 〈통계를 알면 돈이 보인다〉, 위즈덤하우스, 2009.

통계개발원, 〈한국의 인구 · 주택- 인구주택총조사 종합보고서〉, 2008.

통계청, 〈국가통계에서 찾아낸 2008 블루슈머 7〉, 2008.

통계청, 〈통계행정편람 2008〉, 2008.

통계청, 〈2007년 출생통계결과〉, 2008.

통계청, 〈2008년 사망원인통계〉, 2009.

통계청, 〈OECD 세계포럼의 이해-제3차 OECD 세계포럼 프로그램〉, 2009.
통계청, 〈향후 10년간 사회변화 요인분석 시사점〉, 2009.
통계청, 〈국가통계에서 찾아낸 2009 블루슈머 10〉, 2009.
크루그먼, 폴, 〈경제학〉, 김재영, 박대근, 전병헌 옮김, 시그마프레스, 2008.
〈한겨레〉, 2006. 6. 26.; 2007. 10. 22.; 2010. 2. 1.
〈한겨레21〉, 778호~793호, 2009. 9. ~ 2010. 1.
한국노동연구원, 〈2010년도 최저임금심의를 위한 임금실태 등 분석〉, 2009.
한국노동연구원, 〈2009 KLI 노동통계〉, 2009.
한국보건사회연구원, 〈2008년 빈곤통계연보〉, 2008.
한국보건사회연구원, 〈보건 · 복지 Issue & Focus〉, 제10호, 2009.
한국여성정책연구원, 〈2008 한국의 성 인지 통계〉, 2009.
한국은행 경제통계국, 〈우리나라의 국민계정체계〉, 2005.
한국은행 경제통계국, 〈경제통계의 이해와 활용〉, 2009.
한국은행 경제통계국, 〈연쇄가중 경제성장률 이해〉, 2009.
한삼성, 강성욱, 유왕근, 피영규, "노인의 자살생각 결정요인에 관한 연구", 〈보건사회연구〉, 29권, 1호, 한국보건사회연구원, 2009, 192~212쪽.
한주성, 〈인구지리학〉, 한울아카데미, 2007.
홉스봄, 에릭, 〈혁명의 시대〉, 박현채, 차명수 옮김, 한길사, 1984.
홍춘욱, 〈인구 변화가 부의 지도를 바꾼다- 인구 구성 변화에 숨겨진 투자의 비밀〉, 원앤원북스, 2006.
황명진, 심수진, "행복지수의 개발-지표체계 구성안", 〈통계수요에 대응하기 위한 통계개선방안〉, 통계개발원, 2007, 230~310쪽.

Maddison, A. 〈The World Economy〉, OECD, 2006.

OECD, 〈OECD in Figures 2009〉, 2009

OECD, 〈Society at a Glance 2009 - OECD Social Indicators〉, 2009, (www.oecd.org/els/social/indicators/SAG).

Preston, S., Heuveline, P. and Guillot, M. 〈Demography: Measuring and Modeling Population Process〉, Blackwell, 2001.

Sen, A., "More Than 100 Million Women Are Missing", 〈New York Review of Books〉, 37권, 20호, 1990.

UN, 〈Millennium Development Goals Report 2009〉, 2009.

UNDP, 〈Human Development Report 2007/2008〉, UN Development Program, 2009.

UNDP, 〈Human Development Report 2009〉, UN Development Program, 2009.

UNICEF, 〈Malaria and Children〉, 2009.

UN Population Division, 〈2008 Revision of the World Population Prospects〉, 2009.

UN Statistics Division, 〈Demographic Yearbook 2006〉, 2008.

UN Statistics Division, 〈UN Demographic Yearbook 2007〉, 2009

U. S. Census Bureau, Housing and Household Economic Statistics Division, 〈Current Population Survey (CPS), 2009 Annual Social and Economic Supplement (ASEC)〉, 2009.

조재근
부산 출생.
관심분야 : 통계학의 역사.
옮긴 책 : 〈통계학의 역사〉 (S. Stigler, 한길사, 2005),
〈추측술〉 (J. Bernoulli, 지식을만드는지식, 2008),
〈확률에 대한 철학적 시론〉 (P. S. Laplace, 지식을 만드는지식, 2009).
현재 경성대학교 정보통계학과 교수
homepage : http://blog.naver.com/quetel
e-mail : jkjo@ks.ac.kr

통계로 읽는 **사회와 경제**

2010년 2월 25일 초판 발행
2023년 6월 15일 초판 2쇄 발행

지은이 / 조재근
펴낸이 / 오판근
펴낸곳 / 교우사

주 소 / 서울 동대문구 제기2동 148-19
전 화 / 925-2861(代), 편집부 / 925-2825
팩 스 / 070-7966-8610

E-mail / kyowoo@kyowoo.co.kr
http://www.kyowoo.co.kr

출판등록 / 1994. 3. 24 제6-0256호

ISBN 978-89-8172-835-9 (03310)

값 25,000 원